LES ŒUVRES

DE MONSIEUR

DE CREBILLON

DE L'ACADE'MIE FRANC,OISE.

TOME TROISIEME.

A PARIS.

Par la Compagnie des Libraires
associés.

M. DCC. XLIX.

TABLE

Des Piéces contenues dans ce
troisiéme Volume.

XERCÉS,

TRAGÉDIE.

ACTEURS.

XERCÉS, Roi de Perse.

DARIUS, fils aîné de Xercés.

ARTAXERCE, frere de Darius, nommé à
l'Empire.

AMESTRIS, Princesse du Sang Royal de Perse.

ARTABAN, Capitaine des Gardes, & Ministre
de Xercés.

BARSINE, fille d'Artaban.

TYSAPHERNE, confident d'Artaban.

PHÉNICE, confidente d'Amestris.

CLÉONE, confidente de Barsine.

ARSACE, Officier de l'Armée de Darius.

MÉRODATE, confident de Darius.

Suite du Roi.

*La Scéne est à Babilone, dans le Palais
des Rois de Perse.*

XERCÉS,

TRAGÉDIE.

****

ACTE PREMIER.

SCENE PREMIERE.

ARTABAN, TYSAPHERNE.

TYSAPHERNE.

'E N eſt donc fait, Seigneur; & l'heu-
reux Artaxerce
Va faire déſormais le deſtin de la
Perſe,
Tandis que Darius, au mépris de nos Loix,
Sera ſujet d'un Trône où l'appelloient ſes droits?

A ij

Xercés peut, à son gré, disposer de l'Empire ;
Quelque injuste qu'il soit, son choix doit me suf-
    fire.
Mais, sans vouloir entrer dans le secret des Rois,
Le grand cœur d'Artaban approuve-t-il ce choix ?
Verra-t-il, sans regret, priver du Diadême...
        ARTABAN.
Et si de son malheur j'étois auteur moi-même ?
Je suis prêt d'éclaircir tes doutes curieux :
Mais, avant que d'ouvrir cet abîme à tes yeux,
Dis-moi, d'un grand dessein te sens-tu bien capa-
    ble ?
Ton ame au repentir est-elle inébranlable ?
Je connois ta valeur, j'ai besoin de ta foi ;
Tysapherne, en un mot, puis-je compter sur toi ?
Examine-toi bien, rien encor ne t'engage.
      TYSAPHERNE.
D'où peut naître, Seigneur, ce soupçon qui m'ou-
    trage ?
Tant de bienfaits sur moi versés avec éclat,
Vous font-ils présumer que je sois un ingrat ?
      ARTABAN.
Je ne fais point pour toi ce que je voudrois faire ;
Xercés souvent, lui-même, a soin de m'en distraire ;
Il voit notre union avec quelque regret :
Je te dirai bien plus, il te hait en secret.

TYSAPHERNE.

Ah ! Seigneur, que Xercés ou me haïsse, ou m'aime,
Tysapherne pour vous sera toujours le même.
Vous pouvez disposer de mon cœur, de mon bras ;
J'affronterois pour vous le plus affreux trépas.

ARTABAN.

Ami, c'en est assez, ne crois pas que j'en doute :
Mais prens garde qu'ici quelqu'un ne nous écoute.

TYSAPHERNE.

Ces lieux furent toujours des Perses révérés ;
Nul Autel n'a pour eux des titres plus sacrés.
Xercés, par vos emplois, vous en a rendu maître ;
Quel mortel, sans votre ordre, oseroit y paroître ?

ARTABAN.

N'importe, craignons tout d'un perfide séjour,
On n'observe que trop mes pareils à la Cour.
Xercés vient de nommer Artaxerce à l'Empire,
C'est moi qui l'ai forcé, malgré lui, de l'élire.
J'ai fait craindre à ce Roi, facile à s'allarmer,
Cent périls pour un fils qui l'a trop sû charmer ;
Et, jaloux d'un Héros qu'idolâtre la Perse,
J'ai fait, par mes conseils, couronner Artaxerce :
Pour mieux y réussir, j'ai pris soin d'éloigner
Celui que tant de droits destinoient à régner ;
Tandis que Darius, chez des peuples barbares,
Nous force d'admirer les exploits les plus rares.

XERCÉS,

Je ne peins à Xercés, ce fils si vertueux ;
Qu'avide de régner, cruel, impétueux ;
Du bruit de sa valeur, du prix de ses services,
D'un pere qui le craint je nourris les caprices ;
Enfin, tous mes projets étoient évanouis,
Si jamais sa prudence eût couronné ce fils :
Moins Artaxerce est crû digne du Diadême,
Plus j'ai crû le devoir placer au rang suprême.
Avec tant de secret ce projet s'est conduit,
Qu'aucun en cette Cour n'en est encor instruit,
Et je ne prétens pas qu'elle en soit éclaircie,
Que lorsque ma fureur en instruira l'Asie.
Tu vois ce qu'aujourd'hui je confie à ta foi,
Garde bien un secret si dangereux pour toi.
Va trouver cependant, raméne à Babylone
Ce Prince à qui mes soins ont ravi la Couronne ;
Offre-lui, de ma part, trésors, armes, soldats ;
De ma fille, sur-tout, vante-lui les appas ;
Dis-lui qu'avec plaisir mon respect lui destine
Et le bras d'Artaban, & la main de Barsine.

TYSAPHERNE.

Darius, autrefois sensible à ses attraits,
M'a paru plein d'un feu qui flatte vos projets.

ARTABAN.

Non, je m'y connois mal, ou moins ardent pour elle,
Ce Prince brûle ailleurs d'une flamme infidelle :

Même avant son départ, malgré les soins du Roi,
Son mépris pour Barsine a passé jusqu'à moi;
De ma feinte amitié l'adroite vigilance
N'en pouvoit plus surprendre accueil ni confidence;
Trop heureux cependant de pouvoir aujourd'hui
D'un prétexte si vrai me parer envers lui.
Quoi qu'il en soit, pourvû qu'il souleve l'Empire,
Il ne m'importe pas pour qui son cœur soupire.
Ce n'est qu'en le portant aux plus noirs attentats,
Que je puis à mes loix soumettre ces Etats.
Détruisons, pour remplir une place si chere,
Le pere par les fils, & les fils par le pere :
Je veux, à chacun d'eux me livrant à la fois,
Paroître les servir, mais les perdre tous trois.
Voilà ce que mon cœur dès long-temps se propose;
Qu'en liberté le tien consulte ce qu'il ose.

TYSAPHERNE.

Seigneur, je l'avouerai, ce dessein me surprend;
Le péril est certain, mais le projet est grand.
Cependant, sans compter ce qu'on appelle crime,
Craignez de vous creuser vous-même un noir abî-
    me.
Darius est chéri, sage, plein de valeur;
Vous verrez l'Univers partager son malheur.
Daignez de vos desseins peser la violence :
Non qu'à les soutenir mon amitié balance,

A iiij

N'en attendez pour vous que d'éclatans efforts;
Je n'ai pas seulement écouté mes remords.
Cette foi des sermens parmi nous si sacrée,
Cette fidélité ce jour même jurée,
Tant de devoirs enfin deviennent superflus;
Vous n'avez qu'à parler, rien ne m'arrête plus.

ARTABAN.

Laisse ces vains devoirs à des ames vulgaires,
Laisse à de vils humains ces sermens mercenaires :
Malheur à qui l'ardeur de se faire obéir,
En nous les arrachant, nous force à les trahir !
Quoi, toujours enchaîné par une loi suprême,
Un cœur ne pourra donc disposer de lui-même;
Et du joug des sermens, esclaves malheureux,
Notre honneur dépendra d'un vain respect pour
    eux?
Pour moi, que touche peu cet honneur chiméri-
    que,
J'appelle à ma raison d'un joug si tyrannique:
Me venger & régner, voilà mes souverains,
Tout le reste pour moi n'a que des titres vains;
Le soin de m'élever est le seul qui me guide,
Sans que rien, sur ce point, m'arrête ou m'inti-
    mide.
Il n'est loix ni sermens qui puissent retenir
Un cœur débarrassé du soin de l'avenir.

'A peine eûs-je connu le prix d'une Couronne,
Que mes yeux éblouis dévorérent le Trône ;
Et mon cœur, dépouillant toute autre paſſion,
Fit ſon premier ſerment à ſon ambition ;
De froids remords voudroient en vain y mettre ob-
    ſtacle,
Je ne conſulte plus que ce ſuperbe Oracle,
Un cœur comme le mien eſt au deſſus des Loix :
La crainte fit les Dieux, l'audace a fait les Rois.
Le moment eſt venu qu'il faut que ſon courage
Affranchiſſe Artaban d'un indigne eſclavage :
Ce Darius ſi grand, qui cauſe ta frayeur,
Deviendra le premier l'objet de ma fureur :
Je prétens que dans peu, la Perſe qui l'adore,
Autant qu'il lui fut cher, le déteſte & l'abhorre.
Mais Xercès vient à nous ; attens, pour me quit-
    ter,
Que je ſache quels ſoins le peuvent agiter.

SCÈNE II.
XERCÉS, ARTABAN, TYSAPHERNE.

ARTABAN.

Dans un jour où Xercés difpofe de l'Empire,
Où fon choix donne un maître à tout ce qui ref-
pire,
Quel malheur imprévû, quel déplaifir fi prompt
De ce Monarque heureux peut obfcurcir le front?

XERCÉS.

Quel jour! Quel trifte jour! Et que viens-je de
faire?
Pourquoi t'ai-je écouté fur un choix téméraire?

ARTABAN.

Seigneur, qui peut caufer ce repentir foudain?

XERCÉS.

Juge toi-même, ami, fi je m'allarme en vain.
Tu fais, par une Loi des Perfes révérée,
Que tant d'événemens n'ont que trop confacrée,
Qu'un prince défigné pour régner en ces lieux,
Du moment qu'il obtient ce titre glorieux,

Peut du Roi qui le nomme exiger une grace ;
A laquelle, sans choix, il faut qu'il satisfasse.
Artaxerce mon fils, trop instruit de ses droits,
Vient de m'en imposer les tyranniques loix ;
Il prétend, dès ce jour, obtenir de son pere
Le seul bien que ma main réservoit à son frere ;
Il exige, en un mot, la Princesse Amestris,
Des exploits d'un Héros unique & digne prix.

ARTABAN.

Quoi, Seigneur, Darius oseroit y prétendre ?

XERCÉS.

Jamais, si je l'en crois, amour ne fut plus tendre.
Je vais te découvrir un funeste secret,
Qu'à ta fidélité je cachois à regret :
Darius, autrefois, soupira pour Barsine.

ARTABAN.

Pour ma fille !

XERCÉS.

Je sai quelle est son origine,
Ami ; mais je craignis, s'il s'allioit à toi,
Qu'il ne s'en fit un jour un appui contre moi,
Contre un fils qui m'est cher : enfin, dès leur nais-
  sance,
Je combattis ses feux de toute ma puissance ;
Je priai, menaçai ; je fis plus, je feignis
Que j'étois devenu le rival de mon fils ;

A la fin, je forçai son amour à se taire,
Et le contraignis même à t'en faire un myſtére.
Je fis venir alors la Princeſſe Ameſtris;
A son aspect charmant mon fils parut surpris,
Soit qu'en effet son cœur brûlât pour la Princeſſe,
Ou qu'il crût, à ce prix, regagner ma tendreſſe;
Soit qu'il fût rebuté d'un amour malheureux;
Je crûs voir Darius brûler de nouveaux feux.
D'un si juſte penchant bien-loin de le diſtraire,
J'offris à son amour la fille de mon frere :
Mais, de Barsine encor respeċtant les attraits,
Ses feux furent toujours inconnus & secrets :
Artaxerce, lui-même, en ce moment ignore
Qu'Ameſtris soit l'objet que Darius adore.
Enfin, d'un prompt hymen je flattai son ardeur,
Si de nos ennemis il revenoit vainqueur :
Il en triomphe ; & moi, pour toute récompenſe,
Après l'avoir privé des droits de sa naiſſance,
Je lui ravis encor le prix de sa valeur.
Qui pourra triompher de sa juſte fureur ?
Tu vois de quels soucis mon ame eſt accablée,
Calme par tes conseils l'effroi qui l'a troublée.

A R T A B A N.

Quels conseils vous donner, Seigneur, lorſque les
    Loix
Sont le plus ferme appui de la grandeur des Rois?

Reſpectez un pouvoir au deſſus de tout autre ,
Si vous voulez , Seigneur , qu'on reſpecte le vô-
    tre.
Si Darius ſe plaint , qu'il s'en prenne à la loi ,
Qui ſeule vous contraint à lui manquer de foi.

XERCÉS.

Quand il pourroit céder à cette loi ſuprême ,
Ameſtris voudra-t-elle y ſouſcrire de même ?
Elle aime Darius.

ARTABAN.

        Hé bien , feignez , Seigneur ;
Que Darius retourne à ſa premiere ardeur ,
Qu'épris plus que jamais il revient à ma fille ;
A vos moindres deſſeins je livre ma famille ,
Diſpoſez-en , Seigneur , dût Barſine en ce jour
Devenir le joüet d'une ennuyeuſe Cour.
Pour prévenir les maux qui vous glacent de crainte ,
On peut , ſans s'abaiſſer , aller juſqu'à la feinte.
Arſace eſt dans ces lieux , forcez-le à déclarer
Pour ce nouvel hymen qu'il vient tout préparer ;
Que , ſûr de votre aveu , Darius qui l'envoie ,
A l'amour de Barſine eſt tout entier en proie.
Dès qu'Ameſtris croira qu'épris de nouveaux feux ,
Ce Prince porte ailleurs ſes deſſeins & ſes vœux ,
Vous la verrez bientôt , à vos loix moins rebelle ,
Prévenir d'elle-même un amant infidéle.

Enfin, si ce projet ne peut vous réussir,
Contre de vains remords il faut vous endurcir;
Détruire ce rival de la grandeur suprême,
Peut-être dans ces lieux plus puissant que vous-mê-
    mê,
Dans le fonds de son cœur de votre rang jaloux;
Apprendre à vos sujets à n'adorer que vous;
Sacrifier ce fils trop chéri de la Perse,
Et forcer son amante à l'hymen d'Artaxerce.

TYSAPHERNE.

Mérodate, Seigneur, demande à vous parler.

XERCÉS.

Qu'il entre; à son aspect que je me sens troubler!

SCENE III.

XERCÉS, ARTABAN, TYSAPHERNE, MÉRODATE.

XERCÉS.

Mérodate, quel soin peut ici te conduire?

MÉRODATE.

Du retour d'un Héros chargé de vous instruire...

XERCÉS.

Quoi, Darius!..

MÉRODATE.

Seigneur, avant la fin du jour,
Ce fils victorieux va paroître à la Cour :
Pour ne point retarder une si juste envie,
Permettez...

XERCÉS.

Non, demeure, il y va de ta vie.
Tysapherne, prens soin d'écarter du Palais
Ce témoin qui pourroit traverser nos projets.

SCENE IV.

XERCÉS, ARTABAN.

XERCÉS.

POur toi, cher Artaban, si ton devoir fidéle
Fit jamais éclater ton respect & ton zéle,
Dans ce moment fatal ne m'abandonne pas ;
Au-devant de mon fils précipite tes pas ;
Offre-lui, de ma part, & l'Egypte, & Barsine ;
Fais-lui valoir ce prix que son Roi lui destine ;
Mais qu'il se garde bien de paroître à mes yeux ;
Dis-lui qu'il est perdu s'il se montre en ces lieux.
A ce Prince, sur-tout, fais un profond mystére
Du rang où mon amour vient d'élever son frere,

Va, cours, tandis qu'ici femant mille foupçons;
De tes fages confeils je fuivrai les leçons ;
Pour en hâter l'effet, qu'on cherche la Princeffe.

SCENE V.
XERCÉS *feul*.

O Toi ! Dieu de la Perfe, à qui feul je m'a-
    dreffe,
Soleil ! daigné éclairer mon cœur & mes deffeins ;
Et préferver ces lieux des malheurs que je crains !
Pardonne-moi, du moins, un honteux artifice
Dont mon cœur en fecret détefte l'injuftice ;
Tu vois combien ce cœur, de remords agité,
Regrette de defcendre à cette indignité.
Mais Artaxerce vient. Ciel ! dans mon trouble ex-
    trême,
Ne pourrai-je jouir un moment de moi-même ?
Ah ! Mon fils, laiffez-moi ; pourquoi me cherchez-
    vous ?

SCENE

SCENE VI.

XERCÉS, ARTAXERCE.

ARTAXERCE.

DUſt ſur ce fils tremblant tomber votre cour-
    roux,
Je ne puis réſiſter à mon impatience ;
Chaque pas, chaque inſtant aigrit ma défiance;
A d'injuſtes ſoupçons Xercés abandonné,
Se répentiroit-il de m'avoir couronné ?
A peine ſes bontés m'élevent à l'Empire,
Que ſon cœur inquiet en gémit, en ſoupire :
Privez-moi pour jamais d'un rang ſi glorieux,
Et me rendez, Seigneur, un bien plus précieux;
Rendez-moi ces bontés & cet amour de pere,
Qu'à tout autre bienfait Artaxerce préfére.
Mais quelle eſt mon erreur ! Plût au Ciel que mon
    Roi
Ne fiſt que ſoupçonner mon reſpect & ma foi;
J'aurois bientôt calmé le ſouci qui m'accable.
Que je crains bien plûtôt qu'Ameſtris trop aimable;
Avec une beauté qui l'égale à nos Dieux,
N'ait peut-être trouvé grace devant vos yeux !

Car enfin indigné de l'ardeur qui me presse,
Je vous ai vû frémir au nom de la Princesse.
Seigneur, que ce silence irrite encor mes maux!

XERCÉS.

Sans vous inquiéter du nom de vos rivaux,
Ne vous suffit-il pas qu'à son devoir soumise
Amestris à vos vœux soit désormais acquise?
Elle ne dépend plus ni d'elle ni de moi;
Son sort est dans vos mains; je vous ai fait son Roi.
Je vous crois cependant l'ame trop généreuse,
Pour vouloir abuser d'une loi rigoureuse:
Consultez Amestris, elle mérite bien
Que votre cœur soumis attende tout du sien:
Si je l'aimois du moins j'en userois de même;
Et c'est ainsi qu'on doit disputer ce qu'on aime:
Voyez-la, j'y consens, c'est vous en dire assez.

ARTAXERCE.

Non, Seigneur...

XERCÉS.

C'en est trop, allez & me laissez.

[*Artaxerce sort.*]

Que je viens à regret d'allarmer sa tendresse;
Que pour un fils si cher ma pitié s'intéresse!
La Princesse paroît; que de pleurs vont couler;
Qu'à son aspect mon cœur commence à se troubler!

SCENE VII.

XERCÉS, AMESTRIS.

XERCÉS.

MAdame, quelqu'amour qui puiſſe vous ſé-
duire,
D'un ſecret, ſur ce point, j'ai voulu vous inſtruire.
L'orgueilleux Darius dépouillé de ſes droits,
N'a plus rien à prétendre au rang de Roi des
Rois.
Artaxerce aujourd'hui paré de ce grand titre,
Du ſort de l'Univers eſt devenu l'arbitre.
Je vois à ce diſcours votre cœur s'émouvoir :
Mais d'un profond reſpect écoutez le devoir ;
Et de quelque douleur que vous ſoyez atteinte,
J'interdis à vos feux le reproche & la plainte.
Surtout, ſi Darius vous eſt cher aujourd'hui,
Cachez-lui des ſecrets qui ne ſont pas pour lui.

AMESTRIS.

Ah ! Seigneur, pardonnez au tranſport qui m'agite,
Envain à mon amour la plainte eſt interdite :
Après le coup affreux dont vous frappez mon cœur,
Rien ne peut plus ici contraindre ma douleur ;

Qu'elle éclate à vos yeux cette douleur mortelle ;
A qui vous impofez une loi fi cruelle.
Jufte Ciel ! Se peut-il qu'un fils victorieux,
Votre image, ou plûtôt l'image de nos Dieux ;
Soit privé par vous feul à l'honneur de prétendre
A ces mêmes Etats qu'il fait fi bien défendre ?
Pardonnez, je fai bien qu'il ne m'eft pas permis
De prononcer, Seigneur, entre vous & vos fils :
Mais fi jamais des Dieux la Majefté fuprême
Prenant foin fur un front de s'empreindre elle-mê-
    me ; .
Si l'éclat des vertus, la gloire des hauts faits,
Le befoin de l'Empire & les vœux des Sujets ;
En un mot, fi jamais la valeur, la naiffance
Furent des droits, Seigneur, pour la toute-puiffance,
Qui mieux a mérité ce haut degré d'honneur
Que celui qu'on en prive avec tant de rigueur ?
Je vois de mes difcours que votre cœur s'offenfe.
Mais, Seigneur, d'un héros j'entreprends la défenfe ;
Il a tant fait pour vous que Xercés aujourd'hui
Ne doit pas s'offenfer que je parle pour lui.
Heureufe fi l'amour inftruifoit la nature
A le dédommager d'une cruelle injure.

XERCÉS.

D'un choix qui pour ce fils vous femble injurieux ;
Madame, je ne dois rendre compte qu'aux Dieux ;

Quand je ne tiendrois pas de la grandeur suprême
Le droit de disposer du sacré Diadême,
Ma volonté suffit pour établir des loix,
Et la terre en tremblant doit souscrire à mon choix,
Et surquoi jugez-vous que le Prince Artaxerce
Soit si peu digne encor de regner sur la Perse ?
Darius, je l'avoue, a quelques faits de plus ;
Mais son frere a mon cœur, & n'est pas sans ver-
    tus ;
Il sait aimer du moins, & c'est vous qu'il adore.

AMESTRIS.

Dieux ! Qu'est-ce que j'entends ?

XERCÉS.

         Ce n'est pas tout encore,
A son auguste himen il faut vous préparer,
Et je me suis chargé de vous le déclarer.

AMESTRIS.

Moi, Seigneur ?

XERCÉS.

     Oui, Madame, il vous a demandée ;
La loi veut qu'à ses feux vous soyez accordée.
Vous savez ce qu'impose une si dure loi ?

AMESTRIS.

Ainsi, sans mon aveu l'on dispose de moi ;
On dispense, à son gré, la grandeur souveraine :
La parole des Rois n'est plus qu'une ombre vaine.

Frein, par qui les tirans font même retenus ;
Sermens facrés des Rois , qu'êtes-vous devenus ?
Quoi ! Seigneur , Artaxerce à mon himen afpire ;
Peu content de priver Darius de l'Empire ;
Et c'eft vous qui pour prix de tant d'exploits fameux
Accablez de ces coups un fils fi généreux ?
Mais, Seigneur, c'eft envain qu'à vos ordres fuprêmes
Vous joignez une loi qui commande aux Rois mê-
     mes.
Je n'ai pas oublié qu'au plus grand dès Héros
Vous promîtes ma main pour prix de fes travaux.
Vous reçûtes ma foi pour le don de la fienne.
La mort, la feule mort peut lui ravir la mienne.
Il n'eft loi ni pouvoir que je craigne en ces lieux ;
Les promeffes des Rois font des decrets des Dieux.
Ainfi, dans quelque rang qu'Artaxerce puiffe être,
Darius de ma main fera toujours le maître.
Tout malheureux qu'il eft , dépouillé, fans appui,
Jamais de tant d'amour je ne brûlai pour lui.
Hier fur fes vertus il fondoit fa victoire ;
Mais aujourd'hui, Seigneur, il y va de ma gloire.
Et plus vous raviffez d'Etats à ce vainqueur,
Plus l'amour indigné le couronne en mon cœur.
Et plût aux Dieux, Seigneur , lorfque tout l'aban-
     donne ,
Pouvoir lui tenir lieu de pere & de couronne.

XERCÉS.

Que sert de vous flatter sur ce que j'ai promis ,
Quand la loi me dégage envers vous & mon fils ?
Ainsi, sans vous parer d'une vaine constance ,
Méritez mes bontés par votre obéissance ,
Et craignez qu'Amestris avant la fin du jour ,
Ne déteste peut-être & l'amant & l'amour.
Quel que soit Darius, Madame , je souhaite
Qu'il puisse mériter une ardeur si parfaite.
Je ne sais cependant si ce Héros fameux ,
Pour qui vous témoignez des soins si généreux ,
Est si digne en effet des transports de votre ame.
Et quel garant si sûr avez-vous de sa flamme ?
Pour fixer un amant , quels que soient vos attraits ,
Peut-être qu'en ces lieux il est d'autres objets
Qui pourroient bien encor partager sa tendresse.
Je ne dis rien de plus , Madame , je vous laisse ,
Sûr de vous voir bientôt m'obéir sans regret.

SCENE VIII.

AMESTRIS *seule.*

Juste Ciel ! Quel est donc ce terrible secret?
Quel orage nouveau contre moi se prépare ?
Quelle horreur tout-à-coup de mon ame s'empare!

Je me fens accabler de trouble & de douleurs ;
Et malgré ma fierté je fens couler mes pleurs.
Quoi ! Ce Héros, l'objet d'une flamme fi belle,
Ce Darius fi cher feroit un infidéle ?
Malheureufe Ameftris, voilà donc ce retour,
Pour qui de tant de vœux j'importunois l'amour ?
Quoi ! Tandis que pour lui ma folle ardeur éclate,
Un autre à fes attraits foumets fon ame ingrate ?
Lui que j'ai toujours crû fi grand, fi généreux,
Que l'amour me peignoit au-deffus de mes vœux ;
Que j'égalois aux Dieux dans mon ame infenfée,
Trahit donc tant d'amour ? Ah, mortelle penfée !
Mais, que dis-je ? Où mon cœur va-t'il s'abandon-
    ner ?
Et fur la foi de qui l'ofai-je foupçonner ?
Sur la foi d'un cruel qui cherche à me furprendre ;
Qu'à des détours plus bas on vit cent fois defcen-
    dre.
Darius me trahir ! Je ne le puis penfer ;
Le croire un feul moment ce feroit l'offenfer.
Non, le Ciel ne fit pas un cœur fi magnanime
Pour le laiffer fouiller de parjure & de crime.
Cependant Mérodate a paru dans ces lieux,
Sans nul empreffement de s'offrir à mes yeux.
Tout parle du Héros où mon cœur s'intéreffe ;
Mais rien ne m'entretient ici de fa tendreffe.

D'où

D'où peut naître l'effroi dont je me fens faifir ?
Ah ! D'un mortel foupçon courons nous éclaircir ;
Mourir pour Darius, fi ma gloire l'ordonne,
Ou punir fans regret l'ingrat s'il m'abandonne ;
Et quelqu'affreux tourment qu'il en coûte à mon
    cœur,
Mefurer ma vengeance au poids de ma douleur.

Fin du premier acte.

ACTE II.

SCÉNE PREMIERE.

BARSINE, ARSACE, CLÉONE.

BARSINE.

QU'un si rare bonheur, si j'osois vous en croire,
Auroit de quoi flatter mes desirs & ma gloire!
Mais je ne puis penser qu'une si vive ardeur
Puisse encor pour Barsine occuper ce grand cœur,
Ni que de tant d'exploits que l'Univers admire,
Ma main soit le seul prix où Darius aspire.
Et de ce même himen si doux à mes souhaits,
Xercés vient, dites-vous, d'ordonner les apprêts!
Arsace, à tant d'honneurs aurois-je osé prétendre?

ARSACE.

C'est par l'ordre du Roi que je viens vous l'appren-
    dre,
Lui-même en un moment vous en instruira mieux;
Ce Prince va bientôt se montrer en ces lieux.

SCENE II.

BARSINE, CLÉONE.

BARSINE.

QU'à cet espoir flatteur j'ai de peine à me rendre !

CLÉONE.

Madame, & qu'a-t'il donc qui doive vous surpren-
dre ?
A quels charmes plus grands un Héros si fameux
Pouvoit-il espérer d'offrir jamais ses vœux ?

BARSINE.

Cléone, la beauté, quelqu'amour qu'elle inspire,
Ne fait pas sur les cœurs notre plus sûr empire.
Pour en fixer les vœux il est d'autres attraits,
Malgré tout son éclat, plus doux & plus parfaits.
C'est d'un amour constant, la vertu qui décide,
Et non la beauté seule avec un cœur perfide.
Et tu veux que le mien méprisé sur l'écueil
Où l'a précipité son téméraire orgueil,
Puisse croire un moment que Darius m'adore ?
Il faudroit que son cœur pût m'estimer encore,

Que le mien plus fidéle eût fait tout son bonheur
De l'honneur d'asservir cet illustre vainqueur.
Mais le frivole éclat qui sort du Diadême,
M'a fait porter mes vœux jusqu'à Xercés lui-même;
Sur quelques soins legers qu'il faisoit éclater,
Mon cœur d'un vain espoir crut pouvoir se flatter;
Envain à ce desir qui séduisoit mon ame,
Darius opposoit ses vertus & sa flamme;
Tout aimable qu'il est, dans l'ardeur de regner,
Ma folle ambition me le fit dédaigner.
Juge après cet aveu si son retour m'accable;
Et plus il fait pour moi, plus je deviens coupable.
Prince trop généreux, quel malheur te poursuit,
Lorsque je puis t'aimer, d'un vain espoir séduit,
A de vaines grandeurs mon cœur te sacrifie,
Quand je t'aime en effet, tout veut que je te fuye !
Mais si je puis jamais disposer de ta foi...
J'entends du bruit. On vient. Juste Ciel ! C'est le
    Roi.

SCENE III.

XERCÉS, BARSINE, TYSAPHERNE, CLÉONE.

XERCÉS.

MAdame, en ce moment, Arface a dû vous dire
Quel eſt l'heureux himen où Darius aſpire.
Mon cœur en fit long-tems ſes deſirs les plus doux;
Mais les ans m'ont ravi le bonheur d'être à vous.
Plus digne de jouir d'un ſi rare avantage ,
Souffrez que Darius répare cet outrage ;
Et que par votre main Xercés puiſſe aujourd'huî
Du prix de ſes exploits s'acquitter envers lui.
Dans les murs de Memphis où vous irez l'attendre ,
Par mon ordre bientôt Darius doit ſe rendre.
Allez, puiſſe le Ciel au gré de mes ſouhaits ,
Vous y faire un bonheur digne de vos attraits !
Daignez-en quelquefois employer la puiſſance ,
Pour retenir mon fils dans mon obéiſſance :
Fixez de ſes deſirs le cours ambitieux ;
Et s'il oſoit jamais... Que vois-je , juſtes Dieux !

C iij

SCENE IV.

XERCÉS, DARIUS, BARSINE, TYSAPHERNE, CLÉONE.

DARIUS.

ENfin libre des soins que m'imposoit la guerre ,
Je puis à vos genoux, Monarque de la terre ,
Faire éclatter d'un fils la joie & le respect.
Qu'il m'est doux . . .

XERCÉS.

Porte ailleurs ton hommage suspect ;
Et loin de me vanter le respect qui te guide,
A ma juste fureur dérobe-toi, perfide.
Et comment ose-tu te montrer à mes yeux ?
Quel ordre de ma part te rappelle en ces lieux ?

DARIUS.

Et depuis quand , Seigneur , indigne d'y paroître ? . . .

XERCÉS.

Depuis qu'à mes regards tu n'offres plus qu'un traître,
Que mes ordres sacrés ne peuvent retenir ,
Et que tout mon courroux ne peut assez punir :
Mais , malgré tes complots & malgré ton audace ;
Avant qu'ici du jour la lumiére s'efface ,

Malgré les foins de ceux qui m'ont ofé trahir ;
Je te forcerai bien , perfide , à m'obéir.

SCENE V.

DARIUS, BARSINE, CLÉONE.

DARIUS.

Uels difcours ! quels tranfports ! & que viens-
je d'entendre !
O Ciel, à cet accueil aurois-je dû m'attendre !
Et depuis quand, chargé de noms injurieux,
Darius n'eft-il plus qu'un objet odieux !
Madame, & quel eft donc ce funefte myftere ?
Déplorable jouet des caprices d'un pere,
Oferois-je un moment, à l'objet de fes vœux,
Confier la douleur d'un Prince malheureux ?
Quel que foit mon deftin vous pouvez me l'ap-
prendre ,
Je ne veux que favoir, je ne crains point d'at-
tendre.
Vous vous taifez ! O Ciel, à l'exemple du Roi
Tous les cœurs aujourd'hui font-ils glacés pour moi !
Hé quoi, Barfine auffi contre moi fe déclare !

BARSINE.

Non, je fai mieux le prix d'une vertu fi rare ;

Croyez, fi je regnois fur le cœur de Xercés ;
Que fon amour pour vous iroit jufqu'à l'excès ;
Que du moins à mes yeux, d'un odieux caprice
Vous n'auriez pas, Seigneur, éprouvé l'injuftice ;
Et qu'enfin, fi fon cœur fe regloit fur le mien,
Darius même aux Dieux pourroit n'envier rien.
Interdite & confufe encor plus que vous même,
Je ne puis revenir de ma furprife extrême :
Tout confond à tel point mon efprit éperdu,
Que je ne fai, Seigneur, fi j'ai bien entendu ;
Car enfin ce Xercés fi fier & fi terrible,
Jamais à nos defirs n'a paru fi fenfible.
Hélas ! fi vous faviez de quel efpoir flatteur
En ce même moment il rempliffoit mon cœur !
De la part d'un Héros chéri de la victoire,
Aimable, généreux & tout brillant de gloire
Il venoit m'affurer d'une conftante foi.
Ah ! Qu'un retour fi tendre auroit d'attraits pour
    moi,
Si ce même Héros, fenfible à mes alarmes,
Touché de mes remords, attendri par mes larmes,
Si Darius enfin, l'objet de tant d'ardeur,
De mes premiers dédains oubliant la rigueur,
Daignoit en ce moment me confirmer lui-même
Qu'on ne m'abufe point quand on me dit qu'il
    m'aime !

Mon cœur toujours tremblant sur un espoir si doux
Ne veut tenir, Seigneur, cet aveu que de vous.
Quoi, vous baissez les yeux ? Dieux, quel affreux
    silence !
Qu'ai-je dit ? Où m'emporte une vaine espérance ?

DARIUS.

Quelle fureur nouvelle agitant tous les cœurs
A donc pû les remplir de si tristes erreurs ?
Ai-je bien entendu, Barsine, est-ce vous-même
Qui méprisez pour moi l'éclat du Diadême ?
Vous, qui de tant d'amour dédaignant les trans-
    ports …

BARSINE.

Ah ! Ne redoublez point ma honte & mes remords,
Cessez de rappeller des injures passées
Que mes larmes, Seigneur, n'ont que trop effacées !
Mais vous qui m'accablez d'un reproche odieux,
Sans daigner seulement tourner sur moi les yeux,
Parlez, méritez-vous mon amour ou ma haine ?
Le Roi m'abuse-t-il d'une espérance vaine ?
Comme il me l'a promis serez-vous mon époux ?
Dois-je enfin vous aimer, ou me venger de vous ?

DARIUS.

Grands Dieux ! ce que j'ai vû, ce que je viens d'en-
    tendre,
Pouvoit-il se prévoir, & peut-il se comprendre ?

Chaque mot, chaque inſtant redouble mon effroi.
Ah! quel aveu, Madame, exigez-vous de moi?
Peu digne de vos feux & de votre vengeance,
Pourquoi me forcez-vous à vous faire une offenſe?
Mais je fus trop long-temps ſoumis à vos attraits
Pour vouloir vous tromper par d'indignes ſecrets;
Darius, ennemi d'une injuſte contrainte,
Ne ſait point en eſclave appuyer une feinte.
Contre un fils malheureux Xercés peut éclatter;
Mais ſi de notre hymen il a pû vous flatter,
Madame, il vous a fait une mortelle injure;
Il ne peut nous unir ſans devenir parjure:
Lui-même, à mon départ, confident d'autres feux,
Des ſermens les plus ſaints a ſcellé tous mes vœux;
Enfin, c'eſt Ameſtris pour qui mon cœur ſoupire,
Qui daigna m'accepter ſortant de votre empire...
Je la vois; quel bonheur la préſente à mes yeux!

B A R S I N E.

Ah! c'en eſt trop, cruel, je te laiſſe en ces lieux
Signaler de tes ſoins l'inconſtance fatale!
Cependant tremble, ingrat, je connois ma rivale.

SCENE VI.

DARIUS, AMESTRIS, PHÉNICE.

DARIUS.

QUoi, Madame, c'est vous? Et le Ciel irrité
Me laisse encor joüir de ma félité !
Que mon cœur est touché ! Qu'une si chere vûe
Calme le désespoir de mon ame éperdue !
Malgré tous mes malheurs .... Mais, qu'est-ce que
   je voi !

AMESTRIS.

On disoit qu'en ces lieux je trouverois le Roi ;
Le dessein de l'y voir est le seul qui me guide,
Et non l'indigne soin d'y chercher un perfide.

DARIUS.

Moi, perfide ! Qui, moi ! Dieux, qu'est-ce que
   j'entends !

AMESTRIS.

Cesse de feindre, ingrat, tes vœux seront contens ;
Mais n'attends pas ici que j'éclate en injures ;
Je laisse aux Dieux le soin de punir les parjures.
Va, cours où te rappelle un plus doux entretien ;
Et songe pour jamais à renoncer au mien.

SCENE VII.

DARIUS *seul.*

O Mort des malheureux, trifte & chere efpé-
 rance,
J'implore déformais ta funefte affiftance !
J'éprouve en ces momens fi douloureux pour moi
Des tourmens plus cruels & plus affreux que toi !
Dieux , qui femblez vous faire une loi rigou-
 reufe
De rendre la vertu pefante & malheureufe ,
Qui la foudre à la main l'effrayez parmi nous ;
Pour ne nous rien laiffer qui nous égale à vous ,
Contentez-vous d'avoir prefqu'ébranlé la mienne ;
Souffrez qu'un faint refpect dans mon cœur la re-
 tienne ,
Que je puiffe du moins , malgré tout mon cour-
 roux ,
D'un refte de vertu vous rendre encor jaloux !

SCENE VIII.

DARIUS, ARTAXERCE.

ARTAXERCE.

ENfin, le Ciel fenfible aux fouhaits d'Arta-
xerce,
Nous raméne un Héros adoré de la Perfe,
Le plus grand des mortels, & le plus généreux.

DARIUS.

Mais de tous les mortels, Ciel! le plus malheu-
reux!
O, mon cher Artaxerce, eft-ce vous que j'em-
braffe?
Venez-vous partager mes maux & ma difgrace?
Si vous faviez quel prix on gardoit à ma foi!

ARTAXERCE.

De vos regrets, Seigneur, confident malgré moi,
J'en ai le cœur frappé des plus rudes atteintes.
Que je crains d'avoir part à de fi juftes plaintes!

DARIUS.

Vous, mon frere? Et pourquoi vous confondrois-
je, hélas!
Avec tant de vertus parmi des cœurs ingrats?

J'éprouverai long-temps une injuste colere
Avant que je me plaigne un moment de mon frere ;
Trop heureux que le fort m'ait laiffé la douceur
De pouvoir dans fon fein dépofer ma douleur.
Quelqu'amour que pour vous faffe éclatter mon
　　　pere,
Il ne m'en rendra pas notre amitié moins chere.
Si je joüis jamais du pouvoir fouverain,
Vous verrez fi mon cœur vous la juroit envain.

A R T A X E R C E.

Ah ! Seigneur, je vois bien que Darius ignore
Toute l'horreur des maux qui l'attendent encore ;
Je me reprocherois de laiffer fon grand cœur
Plus long-temps le jouet d'une funefte erreur ;
C'eft trop de vos bontés vous-même être victime ;
Il faut vous découvrir la main qui vous opprime :
Et quelle main , grands Dieux ! Mais qui , fans le
　　　vouloir,
De toutes vos vertus vous a ravi l'efpoir.
Coupable feulement par mon obéiffance ,
Ne me foupçonnez pas d'avoir part à l'offenfe ;
Croyez que malgré moi l'on vous prive d'un rang
Où vous plaçoient mes vœux encor plus que le
　　　fang ;
Croyez qu'en me parant de la grandeur fuprême ;
Xercés n'a fur fon choix confulté que lui-même,

Et qu'enfin jè ne veux fouſcrire aux dons du Roi
Qu'autant que vous voudrez en joüir avec moi.

DARIUS.

Content par ma valeur d'en être jugé digne,
Je renonce ſans peine à cet honneur inſigne ;
Et ſi je ſuis touché de quelque déplaiſir ,
C'eſt de voir que mon frere ait oſé s'en ſaiſir ;
Souffrir que l'on me fît une mortelle injure !
Et , vous ne voulez pas que mon cœur en mur-
    mure ?
Malheureux que je ſuis ! Faut-il , en même jour,
Voir s'armer contre moi la nature & l'amour ,
Et me voir, par des mains qui me furent ſi cheres ,
Arracher ſans honneur du trône de mes peres ?
O Sort ! Pour m'accabler te reſte-t-il des traits ?

ARTAXERCE.

Ah ! Daignez par pitié m'épargner ces regrets.

DARIUS.

Eh , pourquoi voulez-vous que je m'en prive en-
    core ,
Lorſque tout me trahit quand on me déshono-
    re ?
Lorſqu'au lieu des bienfaits que j'avois mérités
Je me vois accabler de mille indignités ;
Lorſqu'un pere cruel oſe, avec perfidie,
Sous des prétextes vains m'éloigner de l'Aſie ,

Troubler des Nations qui ne l'offenſoient pas ;
Bien moins dans le deſſein d'agrandir ſes Etats ,
Que pour me dépouiller avec plus d'aſſurance
D'un ſceptre dont mon bras eſt l'unique défenſe ?
D'autant plus irrité qu'à tout autre qu'à vous
J'aurois déja ravi l'eſpoir d'un bien ſi doux :
Mais d'autant plus contraint dans ma fureur extrê-
　　me ,
Que je ne puis frapper ſans me percer moi-même,
Je ne m'étonne plus de voir de toutes parts
Mes amis éviter juſques à mes regards ;
Une amante en courroux me traiter d'infidéle :
Un Prince ſans Etats n'étoit plus digne d'elle.
Pour vous , je l'avouerai , que parmi mes ingrats ,
Après ce que je ſens , je ne vous comptois pas.
Cruel ! en dépouillant mon front du diadême ,
Il ne vous reſte plus qu'à m'ôter ce que j'aime ;
Libre de l'obtenir d'une ſuperbe Loi ,
Que ne m'arrachez-vous & ſon cœur, & ſa foi ?

A R T A X E R C E.

Hé, comment voulez-vous que je vous la raviſſe ?
Voyez de vos ſoupçons juſqu'où va l'injuſtice ;
Je vous l'ai déja dit , croyez que malgré moi
Je ſouſcris aux bontés dont m'honore le Roi ,
Que par mon malheur ſeul je vous ravis l'Empire.
Ah ! Seigneur , ce n'eſt pas au Trône que j'aſpire ;
Mais

Maïs, ce n'est pas non plus à l'objet de vos vœux ;
Je fai trop refpecter vos defirs & vos feux ;
Je fai que votre cœur foupire pour Barfine ,
Qu'avec l'Egypte encor le Roi vous la deftine.
Ce n'eft pas que l'objet dont mon cœur eft charmé
Mérite moins, Seigneur, la gloire d'être aimé ;
Ce jour doit éclairer notre augufte hyménée ;
Daignez ne point troubler cette heureufe journée.
Sans offenfer l'ardeur dont vous étes épris ,
Je crois, Seigneur, pouvoir vous nommer Amef-
   tris.

DARIUS.

Dieux cruels ! Joüiffez du tranfport qui m'anime !
C'en eft fait, je fens bien que j'ai befoin d'un cri-
   me.
Perfide ! Plus que tous contre moi conjuré ,
Je puis donc déformais vous haïr à mon gré ?
O Ciel ! Lorfque je crois, dans mon malheur ex-
   trême ,
Pouvoir du moins compter fur un frere que j'aime ;
Je viens, en imprudent , confier ma douleur
Au fatal ennemi qui me perce le cœur !

ARTAXERCE.

Ah ! c'eft trop m'alarmer, expliquez - vous , de
   grace,
D'un fi dur entretien mon amitié fe laffe ;

D

Ou, calmez les transports d'un injuste courroux ;
Ou, si vous vous plaignez, du moins, expliquez-
vous.

DARIUS.

Avec ce fer qui fait le destin de la Perse,
Je suis prêt, s'il le veut, d'éclaircir Artaxerce ;
S'il est, autant que moi, blessé de vains discours,
Voilà le sûr moyen d'en terminer le cours ;
De l'amour outragé c'est l'interprête unique :
Entre rivaux, du moins, c'est ainsi qu'on s'explique.
Tant que vous oserez vous déclarer le mien,
N'attendez pas de moi de plus doux entretien.

ARTAXERCE.

Vous, mon rival ? O Ciel !

DARIUS.

Mais un rival à craindre.

ARTAXERCE.

Hélas, que je vous plains !

DARIUS.

Je ne suis point à plaindre.
Plaindre un amant trahi, c'est s'avouer heureux,
La pitié d'un rival n'est pas ce que je veux ;
Ainsi que mon amour ma fierté la dédaigne,
Qui ne veut que haïr ne veut pas qu'on le plaigne :
Ce seroit, sans danger, faire des malheureux,
Dès qu'il leur suffiroit qu'on s'attendrît pour eux.

Pour moi, qui voit le but d'une pitié si vaine,
Je ne veux plus de vous que fureur & que haine.
L'amour qui vous attache à l'objet de mes vœux ,
Du sang qui nous unit a rompu tous les nœuds.
Dans l'état où je suis, opprimé par un pere,
Méprisé d'une amante, & trahi par un frere,
Plus de leur amitié les soins me furent doux ,
Et plus leur perfidie excite mon courroux.

ARTAXERCE.

Je pardonne aux malheurs dont le sort vous acca-
        ble ,
Un transport que l'amour rend encor moins cou-
        pable ;
Et plus vous m'outragez , plus je sens ma pitié ;
D'un oubli généreux , flatter mon amitié.
Qu'à mon exemple ici Darius se souvienne
Qu'Artaxerce n'est pas indigne de la sienne ;
Mais, s'il veut l'oublier, en s'adressant à moi,
Qu'il apprenne du moins qu'il s'adresse à son Roi.

DARIUS.

Vous , ingrat ? Vous , mon Roi ? Quelle audace est
        la vôtre ?
Songez...

SCENE IX.

DARIUS, ARTAXERCE, ARTABAN, TYSAPHERNE.

ARTABAN.

SEigneurs, Xercés vous mande l'un & l'autre.

ARTAXERCE.

'Adieu, Prince, bientôt nous verrons à ſes yeux...

DARIUS.

Qui de nous méritoit de regner en ces lieux ?

[*à Artaban.*]

Pour vous, qui déſormais ſoigneux de me déplaire,
N'offrez à mes regards qu'un ſujet téméraire,
Qui, dans un foible cœur, par vos conſeils ſéduit,
M'avez, de mes exploits, enlevé tout le fruit ;
Enfin, qui n'écoutant qu'un orgueil qui me brave,
De Roi que j'étois né n'avez fait qu'un eſclave ;
Si les Dieux & les Loix ne vous retiennent pas,
Indigne favori, craignez du moins mon bras.

SCENE X.

ARTABAN, TYSAPHERNE.

ARTABAN.

D'Une vaine fureur je crains peu la menace ;
Va, je saurai bientôt réprimer ton audace.

TYSAPHERNE.

Ah ! Seigneur, que pour vous aujourd'hui j'ai
tremblé,
Du courroux de Xercés je suis encor troublé.

ARTABAN.

Peux-tu craindre pour moi la colére d'un maître ;
Tremblant d'avoir parlé dès qu'il me voit paroître ?
Je n'ai pas dit un mot, que d'un si vain transport
J'ai fait, sur son fils seul, retomber tout l'effort ;
Du chemin qu'il ténoit, instruit par Mérodate,
Je me suis, à sa vûe, écarté de l'Euphrate ;
Résolu d'attirer ce Prince dans ces lieux,
J'ai fait croire à Xercés que cet ambitieux,
Avec tant de secret, n'avoit caché sa route
Qu'avec quelque dessein de le trahir, sans doute.
Rien n'est moins apparent ; cependant, sans raison,
Il a d'un vain rapport saisi tout le poison,

Darius eſt perdu, ſi pour ſauver ſa vie
Il n'arme en ſa faveur la moitié de l'Aſie;
J'acheverai bientôt d'ébranler la vertu
D'un cœur, de ſes malheurs plus aigri qu'abattu.
Tu vois comme il me hait; mais, malgré ſa co-
    lere,
Je prétends, dès ce jour, le voir contre ſon pere;
Revenir de lui-même implorer mon ſecours,
A ceux qu'il outrageoit avoir enfin recours.
Artaxerce le craint, ſon pere le déteſte,
C'eſt où je les voulois, je me charge du reſte.
Viens, Tyſapherne, viens, le moment eſt venu;
Laiſſons agir un cœur qui n'eſt plus retenu,
Courons où nous entraîne un eſpoir magnanime:
Viens, je réponds de tout, il ne faut plus qu'un
    crime.

Fin du ſecond acte.

ACTE III.

SCENE PREMIERE.

AMESTRIS, PHÉNICE.

AMESTRIS.

NOn, je veux voir Xercés, tu m'arrêtes en
    vain ;
Rien ne peut plus troubler un si juste dessein.

PHÉNICE.

Et, quel soin si pressant à le voir vous invite ?

AMESTRIS.

Le soin de contenter le transport qui m'agite ,
De me venger, du moins , Phénice , avec éclat ,
D'un amant odieux , d'un traître, d'un ingrat.

PHÉNICE.

Sur quelques vains apprêts , Madame , osez - vous
    croire
Qu'un cœur qui fut toujours si sensible à la gloire ,
Après tant de sermens ait pû sacrifier ...

AMESTRIS.

Vois son empressement à se justifier.

Le perfide enchanté d'une flamme nouvelle ;
Pense-t-il seulement à ma douleur mortelle ?
Sait-il qu'il est ailleurs des cœurs infortunés ,
Aux plus affreux tourmens par lui seul condamnés ?
Hélas ! Tandis qu'ici ma douleur se signale ,
Peut-être que l'ingrat , aux piéds de ma rivale ,
Aux dépens de ma gloire accréditant sa foi ,
Rougit d'être accusé d'avoir brûlé pour moi !
Pour mieux persuader , peut-être qu'à Barsine
Il offre en ce moment la main qui m'assassine !
Si son cœur à ce soin n'étoit abandonné ,
Ne suffiroit-il pas qu'il en fût soupçonné ,
Pour venir à mes piéds dissiper mes alarmes ,
Et m'offrir cette main pour essuyer mes larmes ?
Qu'un soin bien différent le souftrait à mes yeux !
Le perfide , occupé d'un amour odieux ,
Ne songe qu'aux apprêts d'un funeste hyménée ;
Qui peut-être sera ma derniére journée !
Que dis-je ? Où ma douleur me va-t-elle engager ?
Artaxerce paroît , songeons à nous venger :
Puisqu'avec lui les Loix ordonnent que je régne ,
Offrons-lui cette main qu'un parjure dédaigne ;
Profitons du moment ; peut-être que demain ,
Malgré tout mon courroux , je le voudrois en vain.

SCENE

SCENE II.

ARTAXERCE, AMESTRIS, PHÉNICE.

ARTAXERCE.

LE rival d'un Héros si digne de vous plaire,
Un Prince que séduit un amour téméraire,
Qui vient, sans votre aveu, de le faire éclatter,
Malgré le peu d'espoir dont il doit se flatter,
Sans crainte d'offenser les charmes qu'il adore,
Peut-il, à vos regards, se présenter encore ?
Madame, pardonnez ; non, je n'ignore pas
Tout le devoir d'un cœur épris de vos appas ;
Mais aurois-je voulu, sans vous offrir l'Empire,
Apprendre à l'Univers que pour vous je soupire ?
N'osant vous faire entendre une timide voix,
J'ai fait parler pour moi l'autorité des Loix ;
Non que fier du haut rang dont on me favorise,
A contraindre vos vœux mon amour s'autorise,
Je ne voulois régner que pour me faire honneur
D'en être plus soumis au choix de votre cœur,
D'autant plus résolu de ne le pas contraindre,
Que mon amour tremblant semble avoir tout à
  craindre ;   E

Que je vous vois déja détourner, malgré vous,
Des yeux accoutumés à des objets plus doux ;
Qu'enfin je ne vois rien qui ne me défespere.
Que de maux, fans compter les vertus de mon
　frere !

AMESTRIS.

Seigneur, il me fût cher, je ne veux point nier
Un feu que tant de gloire a dû juftifier.
Tant que l'ingrat n'a point trahi fa renommée,
J'ai fait tout mon bonheur, Seigneur, d'en être ai-
　mée ;
Je le ferois encor, fi lui-même aujourd'hui
N'avoit forcé ma gloire à fe venger de lui.
Arrachez-moi, Seigneur, à ce penchant funefte,
J'y confens, vos vertus vous répondent du refte.
Vous ne me verrez point oppofer à vos feux
Le trifte fouvenir d'un amour malheureux ;
Nul retour vers l'ingrat ne vous fera contraire,
Moi-même j'inftruirai votre amour à me plaire :
Donnez-vous tout entier à ce généreux foin ;
Rendons de notre hymen un parjure témoin.
Vous pouvez affurer de mon obéiffance
Un Roi dont aujourd'hui j'ai bravé la puiffance,
Allez tout préparer, je vous donne ma foi
De ne pas réfifter un moment à la Loi,

ARTAXERCE.

Non , je ne reçois point ce serment téméraire.
En vain vous me flattez du bonheur de vous plaire ;
En vain votre dépit me nomme votre époux ,
Lorsque l'amour d'un autre a fait le choix pour
    vous.
Je vous aime, Ameſtris , & jamais dans une ame
La vertu ne fit naître une plus belle flamme.
J'aurois de tout mon ſang acheté la douceur
De pouvoir un moment regner ſur votre cœur :
Mais quoiqu'en obtenant le ſeul bien où j'aſpire ,
Mon bonheur , quel qu'il ſoit , dût ici me ſuffire ,
J'eſtime trop ce cœur pour vouloir aujourd'hui
Obtenir notre hymen d'un autre que de lui.
Dût le funeſte ſoin d'éclaircir ma Princeſſe ,
Rallumer dans ſon cœur ſa premiere tendreſſe ;
Dûſſai-je enfin la perdre , & voir évanouir
Ce bonheur ſi charmant dont je pouvois jouïr ,
Je ne puis , ſans remords , abandonner mon frere
Aux coupables tranſports d'une injuſte colere.
S'il y va de mes feux à le ſacrifier ,
Il y va de ma gloire à le juſtifier.
Je vous ai vû traiter Darius d'infidéle ,
Je conçois d'où vous vient une erreur ſi cruelle ;
Mais ſi vous aviez vû ſes tranſports comme moi ,
Vous ne ſoupçonneriez ni ſon cœur , ni ſa foi.
E ij

Adieu, Madame, adieu, quelque soin qui le guide
Darius n'est ingrat, parjure ni perfide;
Croyez-en un rival charmé de vos appas,
Il me haïroit moins, s'il ne vous aimoit pas.

SCENE III.

AMESTRIS, PHÉNICE.

AMESTRIS.

JE demeure interdite, & mon ame abattue
Succombe au coup mortel dont ce discours me tue!
Quoi, Darius m'aimoit, & par un sort fatal
Il faut que je l'apprenne encor de son rival,
D'un rival qui le plaint & qui le justifie,
Tandis qu'à de faux bruits mon cœur le sacrifie?
Ai-je bien pû revoir ce Prince si chéri,
Sans que de ses malheurs mon cœur fût attendri?
D'un mensonge odieux, sans percer le nuage,
Le crime & la vertu n'ont-ils donc qu'un langage,
Et des cœurs par l'amour unis si tendrement,
Se doivent-ils, hélas, méconnoître un moment?
A sa vertu du moins j'aurois dû reconnoître
Le mortel le plus grand que le Ciel ait fait naî-
   tre;

Et cependant, pour prix de sa fidélité,
Je l'outrage moi-même avec indignité ;
Je me joins au cruel dont la fureur l'opprime ;
Je pare de mes mains l'autel & la victime ;
J'acheve d'accabler, au mépris de ma foi,
Un cœur qui n'espéroit peut-être plus qu'en moi !
Ah ! J'en mourrai, Phénice, & ma douleur extrê-
   me...
On ouvre ; quel objet ! C'est Darius lui-même :
Fuyons, dérobons-nous de ces funestes lieux,
Je ne mérite plus de paroître à ses yeux.

SCENE IV.

DARIUS, AMESTRIS, PHÉNICE.

DARIUS.

DEmeurez, Amestris, & d'une ame adoucie
Contemplez les horreurs dont mon ame est saisie ;
Non que ce triste objet de votre inimitié
Ose encore implorer un reste de pitié ;
Ce n'étoit pas assez qu'on m'eût ravi l'Empire ;
On me ravit encor le seul bien où j'aspire !
J'ai beau porter par-tout mes funestes regards,
Je ne vois qu'ennemis, qu'horreurs de toutes parts.

Je ne veux point ici juſtifier ma flamme,
Je ſai par quels détours on a ſurpris votre ame ;
J'aimerois mieux mourir encor plus malheureux
Que de vous accabler d'un repentir affreux.
Pourvû que dans l'éclat de la grandeur ſuprême,
Vous ne mépriſiez plus un Prince qui vous aime,
Qui né pour commander un jour à l'Univers,
S'honoroit cependant de vivre dans vos fers ;
J'irai ſans murmurer, de mon ſort déplorable,
Terminer loin de vous les jours d'un miſérable.
Adieu, chere Ameſtris : quoi, vous verſez des
    pleurs ?
Qu'une pitié ſi tendre adoucit mes malheurs !

AMESTRIS.

Ah, Prince infortuné, le deſtin qui t'accable
De tes perſécuteurs n'eſt pas le plus coupable !
Pour prix de tant de ſoins, pour prix de tant d'ar‑
    deur,
C'eſt donc ton Ameſtris qui te perce le cœur ?
Qu'ai-je fait, malheureuſe ! Et par quel artifice
A-t-on de tant d'horreurs rendu mon cœur com‑
    plice ?
Ce cœur à tes deſirs ſi charmé de s'offrir,
A tes moindres diſcours ſi prêt à s'attendrir ;
Ce cœur, qui tout ingrat qu'il eût lieu de te croire,
Te gardoit cependant la plus tendre mémoire ;

Mais hélas ! Aujourd'hui plus coupable à tes yeux
Qu'un Ministre insolent, un Roi foible, & les
    Dieux !
C'est en vain que ton cœur absout le mien du crime,
Avec mon repentir ma fierté se ranime.
Ce n'est plus par des pleurs, & par de vains trans-
    ports,
Que je puis contenter mon cœur & mes remords.
Viens me voir, toute en proie à ma juste colere,
Braver la cruauté de ton barbare pere ;
Te jurer à ses yeux les transports les plus doux,
Malgré tout son pouvoir t'accepter pour époux ;
T'offrir de mon amour les plus précieux gages,
Ou du moins, par ma mort, expier mes outrages.

DARIUS.

Arrêtez, ma Princesse ; ah, c'en est trop pour moi !
Je ne crains plus le sort, mon frere, ni le Roi.
Laissez-moi seul ici conjurer la tempête,
Je vais, à mon rival, disputer sa conquête ;
Ce cœur qui m'est rendu décide de son sort :
Son hymen désormais est moins sûr que sa mort.

AMESTRIS.

Garde-toi sur ses jours d'aller rien entreprendre !
Souffre, sans t'alarmer, que j'ose le défendre.
Si les rivaux étoient tous aussi généreux,
On ne verroit pas tant de criminels entre eux ;

E iiij

C'eſt lui , qui dans l'aveu qu'il m'a fait de ſa
　　flamme,
Sur de cruels ſoupçons vient d'éclaircir mon ame,
Qui, ſenſible à tes maux, bien loin d'en abuſer,
A l'offre de ma main vient de ſe refuſer.
Je crains trop les tranſports où ton amour te livre;
Partons, ſi tu le veux, je ſuis prête à te ſuivre :
Fuyons loin de Xercés; mais en quittant ces lieux,
Sortons-en , s'il ſe peut, encor plus vertueux ;
Laiſſons à l'Univers plaindre des miſérables
Qu'il abandonneroit s'il les croyoit coupables :
J'aime mieux que Xercés plaigne un jour nos mal-
　　heurs,
Que de voir ſes Etats en proie à nos fureurs.
Les Dieux protegeront des amours légitimes
Qui ne ſeront ſouillés ni d'horreurs, ni de crimes;
Contente pour tout bien de l'honneur d'être à toi ,
Je ne demande plus que ton cœur & ta foi.
Xercés vient, garde-toi d'un ſeul mot qui l'offenſe,
D'armer contre tes jours une injuſte vengeance ;
Il ſera moins aigri d'entendre ici ma voix,
Feignons . . .

SCENE V.

XERCÉS, DARIUS, AMESTRIS, ARTABAN, TYSAPHERNE, PHÉNICE.

XERCÉS.

C'Eſt donc ainſi, que reſpectant mes Loix,
Vous oſez d'Ameſtris chercher ici la vûe?

AMESTRIS.

Depuis quand à ſes feux eſt-elle défendue?
Ah! Seigneur, ſe peut-il que ce fils malheureux
Vous éprouve toujours ſi contraire à ſes vœux?
Ne peut-il d'un adieu ſoulager ſa miſere,
Et, ſes moindres regrets offenſent-ils ſon pere?
Ne craignez point, que prêt à vous déſobéir,
Il apprenne avec moi, Seigneur, à vous trahir;
D'un Héros ſi ſoumis vous n'avez rien à craindre?
Et vous ne l'entendrez vous braver, ni ſe plain-
     dre.
De vos cruels détours moi ſeule je gémis;
Mais mes larmes n'ont point corrompu votre fils;
De la foi des ſermens l'autorité bleſſée,
Des droits les plus ſacrés la juſtice offenſée,

De vos détours enfin l'exemple dangereux
N'ébranlera jamais un cœur si généreux.

XERCÉS.

Pour son propre intérêt je veux bien vous en croire ;
Je n'en soupçonne rien de honteux à sa gloire.
Qu'il parte cependant, & que la fin du jour
Le trouve, s'il se peut, déja loin de ma Cour.
Vous, suivez-moi, Madame, où vous attend son
    frere.

AMESTRIS.

Où, Seigneur ?

XERCÉS.

Aux Autels.

AMESTRIS.

                C'est en vain qu'il l'espere ;
Un autre hymen plus doux m'engage sous ses Loix.
Regardez ce Héros, & jugez de mon choix.
Adieu, cher Darius, je mourrai ton épouse ;
Crois-en de ses sermens une amante jalouse,
Ou j'apprendrai du moins aux malheureux amans
Le moyen de braver la fureur des tyrans.

SCENE VI.

XERCÉS, DARIUS, ARTABAN, TYSAPHERNE.

XERCÉS.

OU suis-je ! De quel nom l'orgueilleuse m'ou-
    trage !
Quoi, dans ces mêmes lieux où tout me rend hom-
    mage,
Où je tiens dans mes mains le sort de tant de Rois,
On m'ose faire entendre une insolente voix !

DARIUS.

Seigneur, qu'attendiez-vous d'une amante irritée,
De ses premiers transports encor toute agitée ?
Vous étiez-vous flatté de désunir deux cœurs
Qu'à s'aimer encor plus invitent leurs malheurs ?
Du moins, pour m'accabler avec quelque justice,
Nommez-moi des forfaits dignes de mon supplice.
Si je suis criminel, & que n'immolez-vous
Ce fils infortuné qui se livre à vos coups ?
Oui, Seigneur, car enfin il n'est plus temps de
    feindre,
Mon cœur au désespoir ne peut plus se contraindre ;

Avant que de m'ôter l'objet de mon amour,
Il faudra me priver de la clarté du jour ;
Tant que d'un feul foupir j'aurai part à la vie,
Ameftris à mes vœux ne peut être ravie ;
Je la difputerai de ce refte de fang
Que mes derniers exploits ont laiffé dans mon flanc.
A moins que votre bras , plus cruel que la guerre,
De ce malheureux fang n'arrofe ici la terre ;
De ce fang toujours prêt à couler pour fon Roi,
Tant de fois hazardé pour lui prouver ma foi.
Eh , qui de vos fujets , plus foumis , plus fidéle,
Jamais par plus de foins fût fignaler fon zéle ?
Eh, qu'a donc fait , Seigneur , ce rival fi chéri,
Loin du bruit de la guerre & des tentes nourri,
Peut-être fans vertus que l'honneur de vous plaire,
Pour être de mes droits l'heureux dépofitaire ?
Pour faire à vos foldats approuver votre choix,
Qu'il nomme les Etats conquis par fes exploits,
Qu'il montre fur fon fein ces nobles cicatrices ,
Titres que pour regner m'ont acquis mes fervices.
Droits du fang , zéle , exploits , Seigneur , j'ai tout
　　　pour moi,
Et cependant c'eft lui que vous faites mon Roi.

X E R C É S.

Si vous euffiez moins fait , vous le feriez, peut-être ;
Mais je n'ai pas voulu m'affocier un maître ;

Darius , pour régner , comptant pour rien ma
     voix,
'A crû qu'il suffisoit que mon Peuple en fît choix,
On ne vous voit jamais traverser Babylone,
Qu'aussi-tôt , à grands flots , il ne vous environne.
Vous semblez ne courir à de nouveaux exploits,
Que pour venir après nous imposer des loix.
Artaxerce, d'ailleurs, est issu d'une mere,
Qu'un tendre souvenir me rendra toujours chere;
La vôtre , de concert avec mes ennemis,
De mon scéptre , en naissant , déshérita son fils.
Non que de mon courroux la constance inhumaine
Vous ait fait après elle héritier de ma haine.
Je veux bien avouer, qu'après tant de hauts faits,
Vous ne méritiez pas le sort que je vous fais.
Prince , quoi qu'il en soit , je veux qu'on m'o-
     béisse ,
J'exige encor de vous ce second sacrifice ;
Partez.

DARIUS.

Qui ? Moi , Seigneur ?

XERCÉS.

                              Oui , vous , audacieux,
Avant que le Soleil disparoisse à nos yeux,
Si vous n'êtes parti, c'est fait de votre vie :
Artaban, c'est à toi que ton Roi le confie ;

De son fort désormais je te laisse le soin.

DARIUS.

Roi cruel, pere injuste, il n'en est pas besoin,
Mon sort est dans mes mains.

SCENE VII.

DARIUS, ARTABAN, TYSAPHERNE.

ARTABAN,

Que prétendez-vous faire ?
Gardez-vous d'écouter un transport téméraire,
Le Roi n'est pas encore éloigné de ces lieux.

DARIUS.

Porte ailleurs tes conseils & tes soins odieux ;
Remplis, sans discourir, les ordres de mon
   pere,
Si tu ne veux toi-même éprouver ma colere.

ARTABAN.

Seigneur, écoutez-moi le cœur moins prévenu,
Je vois bien que le mien ne vous est pas connu.
De vos cruels soupçons l'injuste défiance,
Vos mépris pour Barsine & pour mon alliance,

Un Roi que je pourrois nommer votre tyran ,
N'ont point changé pour vous le respect d'Artaban,
Touché de vos vertus plus que de vos outrages ,
Mon cœur à vos mépris répond par des hommages :
Heureux, si dans l'ardeur de me venger de vous ,
Ce cœur d'un vain honneur eût été moins jaloux !
C'est moi qui , par mes soins , ai porté votre pere
A parer de vos droits un fils qu'il vous préfere.
Mais , hélas ! qu'ai-je fait en y forçant son choix ,
Que priver l'Univers du plus grand de ses Rois ?
Je sens que contre vous un dessein si perfide
Est moins un attentat qu'un affreux parricide ,
Que ne sauroit jamais réparer ma douleur ,
Qu'en signalant pour vous une juste fureur.
Ce discours , je le vois , a de quoi vous surpren-
    dre ,
Et ce n'est pas de moi que vous deviez l'attendre :
Mais votre pere en vain me comble de bienfaits ,
Lorsqu'il s'agit , Seigneur , d'expier mes forfaits.
Dans la nécessité de me donner un maître ,
J'en veux du moins prendre un qui soit digne de
    l'être ,
Qui de nos ennemis sache percer le flanc ,
Et qui sache juger du prix de notre sang ;
Non de ces foibles Rois , dont la grandeur captive
S'entoure de flatteurs dans une Cour oisive ;

Mais un Roi vertueux, connu par ses hauts faits,
Tel, enfin, que le Ciel vous offre à nos souhaits :
Artaban désormais n'en reconnoît point d'autre,
Il ne tiendra qu'à vous d'étre bientôt le nôtre.
Je vous offre, Seigneur, mes trésors & mon bras ;
Faisons sur votre choix prononcer les soldats,
Vous verrez quel secours vous en pouvez atten-
    dre.

DARIUS.

Quel étrange discours m'ose-t-on faire entendre !
Je n'ai que trop souffert ce coupable entretien,
Artaban juge-t-il de mon cœur par le sien ?
S'il est assez ingrat, assez lâche, assez traître
Pour oublier si-tôt tous les bienfaits d'un maître
Qui l'a de tant d'honneurs comblé jusqu'aujourd'hui,
Il peut chercher ailleurs des ingrats tels que lui.
Pour moi, soumis aux loix qu'impose la nature,
Je me reproche même un frivole murmure ;
Je respecte en mon Roi le maître des humains,
J'adore en lui du Ciel les décrets souverains
Dont les Rois sont ici les seuls dépositaires,
Et non pas des sujets foibles & téméraires.
Qui, moi trahir Xercés ! Moi troubler ses Etats !
Ah ! Ne me parlez plus de pareils attentats.

ARTABAN.

C'est mal interpréter le zéle qui me guide.

DARIUS.

DARIUS.

Ce zéle, quel qu'il foit, ne peut qu'être perfide.

ARTABAN.

Seigneur, dès que le Ciel vous fit naître mon Roi,

DARIUS.

Laiffons là ce vain titre, il n'eft plus fait pour moi;
Ce zéle eft trop outré pour être exempt de piége;
Je ne puis eftimer qui me veut facrilége.

ARTABAN.

Et moi, Seigneur, & moi, charmé de vos vertus,
J'admire Darius, & l'en aime encor plus.
Je fuis touché de voir un cœur fi magnanime,
Avec tant de raifons, de recourir au crime,
Conferver cependant pour fon pere & fon Roi,
Malgré fon injuftice, une fi tendre foi.
Que je plains l'Univers de perdre un fi grand maître !
Ah ! Seigneur, c'eft ainfi qu'on eft digne de l'être;
C'eft par des fentimens fi grands, fi généreux,
Qu'on mérite, en effet, notre encens & nos vœux;
Il n'eft que Darius feul femblable à lui-même,
Qui puiffe renoncer à la grandeur fuprême,
A l'éclat, aux honneurs d'une pompeufe Cour ;
Et peut-être immoler jufques à fon amour.

DARIUS.

Ah ! Cruel Artaban, quelle fureur vous guide ?
Et que prétend de moi votre adreffe perfide ?

E

Laiſſez-moi mon reſpect, laiſſez-moi mes remords,
N'excitez point contre eux de dangereux tranſ-
  ports.
Je ſens qu'au ſouvenir de ma chere Princeſſe,
Toute ma vertu céde à l'ardeur qui me preſſe.
Pour conſerver un bien qui fait tout mon bonheur,
Il n'eſt rien qu'en ces lieux ne tente ma fureur.
S'il eſt vrai que mon ſort vous intéreſſe encore,
Sur ce point ſeulement Darius vous implore.

ARTABAN.

Hé bien, Seigneur, hé bien, pour vous la conſer-
  ver,
De ces lieux, s'il le faut, je la vais enlever:
Je vous puis cependant offrir une retraite
Contre vos ennemis, ſûre autant que ſecrette.

DARIUS.

En quels lieux ?

ARTABAN.

              C'eſt ici, dans ce même Palais
Dont Xercés prétendoit vous exclure à jamais :
Pour mieux vous y cacher, j'écarterai la garde,
Le droit d'en diſpoſer ſeul ici me regarde.
Du moment que la nuit aura voilé les Cieux,
Nous pourrons enlever Ameſtris de ces lieux.
Quoi, Darius balance ? Et quelle eſt ſon attente ?
Qu'on lui vienne ravir le jour & ſon amante ?

Acceptez le secours que j'ose vous offrir ;
A vos ordres, Seigneur, ce Palais va s'ouvrir.

DARIUS.

Moi, dans ces lieux sacrés que j'ose m'introduire!

ARTABAN.

Quel remord sur ce point peut encor vous séduire ?
Et dans quels lieux, Seigneur, puis-je mieux vous
    cacher?
Quel mortel osera jamais vous y chercher ?

DARIUS.

C'en est fait, à vos soins Darius se confie ;
Je ne hazarde rien en hazardant ma vie ;
Et, pour toutes faveurs, je ne demande aux Dieux
Que de pouvoir sortir innocent de ces lieux.

Fin du troisiéme Acte.

ACTE IV.

SCENE PREMIERE.

ARTABAN, TYSAPHERNE.

ARTABAN.

TOut ſuccéde à mes vœux ; la nuit la plus obſ-
cure,
Au gré de mes deſirs, a voilé la nature.
Du ſort de Darius je puis donc diſpoſer ?
La nuit s'avance, ami, nous pouvons tout oſer ;
C'eſt ici que bientôt Ameſtris doit ſe rendre,
Le Prince impatient ſe laſſe de l'attendre :
Cours informer de tout ſon rival, avec ſoin,
D'un ſi rare entretien je veux qu'il ſoit témoin ;
Dis-lui ce que j'ai fait pour trahir ſa tendreſſe,
Nos deſſeins concertés d'enlever la Princeſſe.
Parle comme un ami peu ſatisfait de moi,
Indigné de me voir tromper ainſi ſon Roi.
Cette précaution, étrange en apparence,
Plus que le reſte encore, importe à ma vengeance.

Le temps eft précieux, ne perds pas un moment,
J'attendrai ton retour dans cet appartement.

SCENE II.

ARTABAN *feul*.

Amour d'un vain renom, foibleffe fcrupuleufe;
Ceffez de tourmenter une ame généreufe,
Digne de s'affranchir de vos foins odieux.
Chacun a fes vertus ainfi qu'il a fes Dieux.
Dès que le fort nous garde un fuccès favorable;
Le Scéptre abfout toujours la main la plus coupable;
Il fait du parricide un homme généreux.
Le crime n'eft forfait que pour les malheureux.
Pâles Divinités, qui tourmentez les ombres,
Et répandez l'effroi dans les royaumes fombres,
Venez voir un mortel plus terrible que vous,
Surpaffer vos fureurs par de plus nobles coups.
Du plus illuftre fang ma main bientôt fumante,
Va tout remplir ici d'horreur & d'épouvante.
Tout va trembler, frémir, & moi je vais régner.
Vertu, c'eft à ce prix qu'on peut te dédaigner.
J'apperçois Darius, une affreufe trifteffe
Semble occuper fon cœur.

SCENE III.

DARIUS, ARTABAN.

DARIUS.

Ou donc est la Princesse?
Ne viendra-t-elle point?

ARTABAN.

Dissipez ce souci,
Je vais, dans le moment, vous l'envoyer ici.
Pour vous livrer, Seigneur, une amante si chere,
J'attendois de la nuit le sombre ministere:
J'ai moi-même, avec soin, fait le choix des sol-
　　dats
Qui doivent en Egypte accompagner nos pas.
Je ne crains qu'Amestris; soit crainte ou prévoyance,
Je n'ai trouvé qu'un cœur armé de défiance;
Elle hésite à vous voir, je lui parois suspect.
Donnez-moi ce poignard, Seigneur; à son aspect,
Peut-être qu'Amestris qui doutoit de mon zéle,
N'osera soupçonner un témoin si fidéle.
Adieu, je vais presser un si doux entretien;
Puisse-t-il vous unir d'un éternel lien!

DARIUS.
Allez, le temps eſt cher; mon ame impatiente
Commence à ſe laſſer d'une ſi longue attente.

SCENE IV.

DARIUS *ſeul.*

OU vais-je, malheureux ! Et quel eſt mon eſ-
    poir ?
Qu'eſt devenu ce cœur ſi plein de ſon devoir ?
Quoi, j'oſe violer le Palais de mon pere,
Moi qui me reprochois une plainte légere,
Qui m'enorgueilliſſois d'une auſtere vertu,
Je me rens ſans avoir ſeulement combattu !
D'amant infortuné, devenu fils perfide,
J'abandonne mon cœur au tranſport qui le guide !
C'eſt ainſi que de nous diſpoſant à ſon gré,
L'amour fait de nos cœurs s'emparer par degrés;
Et, d'appas en appas, conduiſant la victime,
Il la fait, à la fin, paſſer de crime en crime.
Lieux, où je prétendois un jour entrer en Roi,
Où j'entre en malheureux qui viole ſa foi,
Puiſſent les ſoins cruels où mon amour m'engage,
Vous épargner encore un plus ſanglant outrage !

Je ne fai quel effroi vient ici me troubler ;
Mais je fens qu'un grand cœur peut quelquefois
    trembler.
Je combats vainement un trouble fi funefte,
En vain je vais revoir le feul bien qui me refte ;
Loin de pouvoir goûter un efpoir fi charmant,
Je ne reffens qu'horreur & que faififfement :
Ce cœur, dans les hazards, fameux par fon audace,
S'allarme fans favoir quel péril le menace.
On vient ; c'eft Ameftris. Que dans fon défefpoir,
Mon trifte cœur avoit befoin de la revoir !

<hr>

SCENE V.

DARIUS, AMESTRIS.

DARIUS.

JE vous revois enfin, mon aimable Princeffe ;
A votre afpect charmant toute ma crainte ceffe :
Je me plaignois de vous ; & mon cœur éperdu,
Impatient, troublé d'avoir tant attendu,
Vous accufoit déja....

AMESTRIS.

         Si je m'en étois crûe,
Vous ne jouiriez pas de ma funefte vûe.

Quel

Quel affreux confident vous êtes-vous choifi ?
Avec un tel fecours, que cherchez-vous ici ?
A quoi deftinez-vous des mains fi criminelles,
De tant d'amis, pour vous autrefois fi fidéles,
Ne vous refte-t-il plus que le feul Artaban,
Ce Miniftre odieux des fureurs d'un tyran,
De tous vos ennemis le plus cruel peut-être,
Caché fous des écueils familiers à ce traître ?
Contre de vains détours, ce grand cœur affermi,
Qui fait avec tant d'art furprendre un ennemi,
Avec tant de valeur, fi plein de prévoyance,
A des amis de Cour fe livre fans prudence ?
Je frémis chaque inftant, chaque pas que je fais,
Jufqu'au filence affreux qui régne en ce Palais,
Tout me remplit d'effroi ; mille triftes préfages
Semblent m'offrir la mort fous d'horribles images :
Vous ne la voyez pas, Seigneur, votre grand cœur
S'eft fait un foin cruel d'en méprifer l'horreur ;
Mais moi, de vos mépris inftruite par les larmes
Qu'arrachent de mon cœur mes fecrettes allarmes,
Je crois déja vous voir, le couteau dans le flanc,
Expirer à mes piéds, noyé dans votre fang.
Fuyez, épargnez-moi le terrible fpectacle
De vous voir, dans mes bras, égorger fans obftacle :
Fuyez, ne fouillez point d'un plus long attentat
Ces lieux où vous devez n'entrer qu'avec éclat,

G

Je vous dirai bien plus ; quoique je la respecte ;
Votre vertu commence à m'être ici suspecte :
Allez m'attendre ailleurs ; laissez à mon amour
Le soin de vous rejoindre, & de fuir de la Cour ;
Sur-tout, n'exposez plus une si chere vie.

DARIUS.

Ma Princesse, hé, comment voulez-vous que je
　　fuie ?
De ce Palais sacré j'ignore les détours ;
Et, quand je les saurois, quel odieux recours !
Dût le Ciel irrité lancer sur moi la foudre,
A vous abandonner rien ne peut me résoudre.
C'est pour vous enlever de ces funestes lieux,
Qu'à mille affreux périls je ferme ici les yeux.
Dûssai-je contre moi voir s'armer ma Princesse,
J'attendrai qu'Artaban me tienne sa promesse ;
Après ce qu'il a fait, & ce qu'il m'a promis,
Nul soupçon de sa foi ne peut m'être permis.

AMESTRIS.

Malheureux ! A l'objet que vous voyez paroître,
Reconnoissez les soins que vous gardoit le traître.

SCENE VI.

DARIUS, ARTAXERCE, AMESTRIS.

ARTAXERCE.

SUr des avis secrets, peu suspects à ma foi ;
En vain je m'attendois à voir ce que je voi.
Au milieu de la nuit, une telle entrevûe,
En des lieux si sacrés, étoit si peu prévûe,
Que, malgré le courroux dont mon cœur est saisi,
J'ai peine à croire encor ce que je vois ici.
Depuis quand aux humains ces lieux inaccessibles,
Prêtent-ils aux amans des retraites paisibles ?
Ignore-t-on encor que ce lieu redouté
Est le séjour du Trône & de la Majesté ?
C'est pousser un peu loin l'audace & l'imprudence,
Que d'oser de vos feux lui faire confidence.
Qui jamais eût pensé qu'un Prince vertueux
Devenu moins soumis, & moins respectueux,
N'écoutant désormais qu'un désespoir injuste,
Eût osé violer une retraite auguste,
Braver son pere, avoir un odieux recours
A ceux qu'il a chargés de veiller sur ses jours ?

G ij

Avec un tel appui que prétendez-vous faire?
Qui vous fait en ces lieux mettre un piéd téméraire!

DARIUS.

Cesse de t'informer où tendent mes projets,
Et ne pénétre point jusques dans mes secrets:
Crois-moi, loin d'abuser d'une injuste puissance,
Ingrat, ressouviens-toi des droits de ma naissance,
Qu'à moi seul appartient celui de commander.

ARTAXERCE.

Je crains bien qu'en effet l'espoir d'y succéder,
Déguisant dans ton cœur la fureur qui te guide,
Ici, moins qu'un amant, n'ait conduit un perfide.
Si tu n'avois cherché qu'à revoir Amestris,
Ce n'est pas dans ces lieux que je t'aurois surpris;
L'amour ne cherche pas un si terrible asyle:
D'ailleurs, à ce mystere Artaban inutile,
N'eût pas été choisi pour servir tes amours;
On a bien d'autres soins avec un tel secours.
D'où vient que ce Palais devenu solitaire,
Se trouve dépouillé de sa garde ordinaire?
Je n'entrevois ici que projets pleins d'horreur.

DARIUS.

Ah! C'est trop m'outrager, il faut qu'à ma fureur...

AMESTRIS.

Arrêtez, gardez-vous d'oser rien entreprendre;
Je ne sai quelle voix vient de se faire entendre,

Mais d'effroyables cris font venus jufqu'à moi,
Tout mon fang dans mon cœur s'en eft glacé d'ef-
    froi.

ARTAXERCE.

Tremble ; c'eft à ce bruit qui t'annonce mon pere,
Qu'il faut... Va, malheureux, évite fa colere.
Que vois-je ! Quel objet fe préfente à mes yeux !
Artaban, eft-ce vous ?

SCENE VII.

ARTAXERCE, DARIUS, AMESTRIS, ARTABAN.

ARTABAN.

O Dieux ! Injuftes Dieux !

ARTAXERCE.

Quel horrible tranfport ! Expliquez-vous, de
    grace.
Dans ces auguftes lieux qu'eft-ce donc qui fe paffe ?

ARTABAN.

Grands Dieux, qui connoiffez les forfaits des hu-
    mains,
A quoi fert déformais la foudre dans vos mains ?

Souverain protecteur de ce superbe Empire,
Ame de l'Univers, par qui seul tout respire,
Ne dissipe jamais les ombres de la nuit,
Si tu ne veux souiller la clarté qui te suit !
Dès que de tels forfaits les mortels sont capables,
Ils ne méritent plus tes regards favorables.

ARTAXERCE.

D'où naît ce désespoir ? Quel étrange malheur !...

ARTABAN.

Ah ! Seigneur, est-ce vous ? O, comble de douleur !
Hélas ! Mon Roi n'est plus.

ARTAXERCE.

    Il n'est plus ?...

DARIUS.

      O, mon pere !

AMESTRIS.

Qu'un trépas si soudain m'annonce un noir mystere !

ARTABAN.

Seigneur, Xercés est mort ; une barbare main
De trois coups de poignard vient de percer son
sein.

ARTAXERCE.

Ah ! Qu'est-ce que j'entens, Darius ?

DARIUS.

Artaxerce !

ARTABAN.

Grands Dieux, réserviez-vous ce forfait à la Perse?

DARIUS.

Laissez de ces transports le vain emportement,
Ou donnez-leur du moins plus d'éclaircissement,
Est-ce ainsi que chargé d'une tête si chere,
Artaban veille ici sur les jours de mon pere?
De ce dépôt sacré qu'avez-vous fait? Parlez.

ARTABAN.

Moi, ce que j'en ai fait? Quelle audace! Trem-
blez.

DARIUS.

Parlez, expliquez-vous.

ARTABAN.

         Non, la même innocence
N'auroit pas un maintien plus rempli d'assurance.
Il faut avoir un cœur au crime bien formé,
Pour m'entendre sans trouble, & sans être allar-
mé.

DARIUS.

Je ne puis plus souffrir cette insolence extrême.
A qui s'adresse donc ce discours?

ARTABAN.

           A vous-même.

DARIUS.

A moi, perfide? A moi?

ARTABAN.

Barbare, à qui de nous,
Puisque ce coup affreux n'est parti que de vous ?

DARIUS.

Ah, monstre, imposteur !

ARTABAN.

Frappe, immole encore ton frere;
Joins notre sang au sang de ton malheureux pere.

DARIUS.

Quoi, Prince, vous souffrez qu'il ose m'accuser ?

ARTAXERCE.

Darius, c'est à toi de m'en désabuser.

DARIUS.

Quoi, d'un esclave indigne appuyant l'imposture,
Vous-même à votre sang vous feriez cette injure !
J'avois crû que ce cœur qu'Artaxerce connoît...

ARTABAN.

Traître, on n'est pas toujours tout ce que l'on paroît.
Mais d'un crime si noir il est plus d'un complice;
Le cruel n'a pas seul mérité le supplice.
Seigneur, apprenez tout : c'est moi qui cette nuit
L'ai, dans ces lieux sacrés, en secret introduit;
Comme il ne demandoit qu'à revoir la Princesse,
Touché de ses malheurs, j'ai crû qu'à sa tendresse

Je pouvois accorder ce généreux secours ;
Mais, tandis qu'à servir ses funestes amours,
Loin de ces tristes lieux m'occupoit le perfide,
Sa main les a souillés du plus noir parricide.
De mes soins pour l'ingrat j'allois voir le succès ;
Quand, passant près des lieux retraite de Xercés,
Dont une lueur foible éclairoit les ténébres,
Votre nom prononcé parmi des cris funébres,
M'a rempli, tout-à-coup, & d'horreur, & d'effroi.
J'entre, jugez, Seigneur, quel spectacle pour moi,
Quand ce Prince, autrefois si grand, si redoutable,
Des peres malheureux exemple déplorable,
S'est offert à mes yeux sur son lit étendu,
Tout baigné dans son sang lâchement répandu.
Qui de ce même sang, mais d'une main tremblante
Nous traçoit de sa mort une histoire sanglante,
Puisant dans les ruisseaux qui couloient de son flanc,
Le sang accusateur des crimes de son sang ?
Monument effroyable à la race future !
Caracteres affreux dont frémit la nature !
Ce Prince, à mon aspect, rappellant ses esprits,
S'est fait voir dans l'état où ce traître l'a mis.
Tu frémis, m'a-t-il dit, à cet objet funeste ;
Tu frémiras bien plus quand tu sauras le reste.
Quelle barbare main a commis tant d'horreurs ?
Cher Artaban, approche, & lis par qui je meurs ;

Le fils cruel, que j'ai dépouillé de l'Empire ;
Dans le sein paternel... A ces mots il expire !
Traître, d'aucun remords si ton cœur n'est pressé ;
Viens voir ces traits de sang où ton crime est tracé.

DARIUS.

Où tend de ce trépas la funeste peinture ?
Crois-tu par ce récit prouver ton imposture ?
Ne crois pas ébranler un cœur comme le mien ;
Je confondrai bientôt l'artifice du tien.
Dis-moi, traître, dis-moi, puisque mon innocence
Est, contre un tel témoin, réduite à la défense,
Qui peut m'avoir conduit jusqu'à ce lit sacré,
Du reste des mortels, hors toi seul, ignoré,
Dont n'auroit pû m'instruire une foible lumiere ?

ARTABAN.

Que fais-je ? Le destin ennemi de ton pere.

AMESTRIS.

Ah ! Seigneur, c'en est trop ; & mon cœur irrité
Ne peut, sans murmurer de cette indignité,
Voir le vôtre souffrir qu'avec tant d'insolence
Un traître ose, à mes yeux, opprimer l'innocen-
     ce ;
Que, la main teinte encor du sang qu'il fit couler,
De sa fausse douleur prêt à vous aveugler,
Il ose de son crime accabler votre frere,
Sans exciter en vous une juste colere.

Il ne vous reste plus, crédule & soupçonneux,
Que de nous partager un crime si honteux.
DARIUS.
Ah ! Madame, souffrez que ma seule innocence
Se charge contre lui du soin de ma défense.
Pour convaincre de crime un Prince tel que moi,
Malheureux, il faut bien d'autres témoins que
    toi ;
Tu n'es que trop connu.
ARTABAN.
J'ai voulu voir, barbare,
Jusqu'où pourroit aller une audace si rare ;
Mais sous tes propres coups il te faut accabler.
Regarde, si tu peux, ce témoin sans trembler.
[Il lui montre son poignard.]
DARIUS.
Grands Dieux !
ARTABAN.
Voyez, Seigneur, voyez ce fer perfide,
Que du sang de son pere a teint le parricide,
Encor tout dégoutant de ce sang précieux,
Dont l'aspect fait frémir la nature & les Dieux.
Roi des Rois, c'est à toi que ma douleur l'adresse,
Armes-en désormais une main vengeresse ;
Efface, en le plongeant dans son perfide sein,
Ce qui reste dessus du crime de sa main.

D A R I U S.

Je demeure interdit. Dieux puiſſans ! Quoi, la foû-
dre
Ne ſort pas de vos mains pour le réduire en poudre?
Ah ! Traître, oſes-tu bien employer contre moi
Ce fer que l'amour ſeul a commis à ta foi ?
Barbare, c'étoit donc à ce funeſte uſage
Que ta main réſervoit un ſi précieux gage ?
Prince, je n'ai beſoin, pour me juſtifier,
Que de ce même fer qu'il s'eſt fait confier.
Il a feint qu'Ameſtris . . .

A R T A X E R C E.

Ah ! Miſérable frere ;
Malheureux aſſaſſin de ton malheureux pere,
Que peux-tu m'oppoſer qui puiſſe dans mon cœur
Balancer ce témoin de ta noire fureur ?
Juſte Ciel ! Se peut-il que de tels ſacrifices
De mon régne naiſſant conſacrent les prémices ?

D A R I U S.

C'en eſt fait, je ſuccombe, & mon cœur abattu
Contre tant de malheurs, ſe trouve ſans vertu.

A M E S T R I S.

Défens-toi, Darius, que ton cœur ſe raſſure ;
L'innocence a toujours confondu l'impoſture ;
C'eſt un droit qu'en naiſſant elle a reçû des Dieux,
Qui partagent l'affront qu'on te fait en ces lieux.

DARIUS,

Je n'en ai que trop dit, & la fiere innocence
Souffre malaisément une longue défense.

Quoi, vous voulez, Madame, encor m'humilier
Au point de me forcer à me justifier ?

De quel droit mon sujet paré d'un plus haut titre,
Du destin de son Roi deviendra-t-il l'arbitre ?

Né le premier d'un sang souverain en ces lieux,
Je ne connois ici de Juges que les Dieux.

ARTAXERCE,

Ne crains point, qu'abusant du pouvoir arbitraire,
Ton frere de ton sort décide en téméraire ;

Du sang de tes pareils on ne doit disposer,
Qu'au poids de la justice on ne l'ait sù peser.

Tout parle contre toi, mais telle est la victime,
Qu'il faut, aux yeux de tous, la convaincre de
   crime ;

Pour en décider seul, mon cœur est trop troublé.
Allez ; que par vos soins le Conseil rassemblé,

Se joigne en ce moment aux Mages de la Perse ;
C'est sur leur voix que doit prononcer Artaxerce ;

Consultons sur ce point les hommes & les Dieux.
Vous, observez le Prince, & gardez-le en ces
   lieux.

Adieu. Puisse le Ciel s'armer pour l'innocence,
Ou de ton crime affreux m'épargner la vengeance !

S C E N E V I I I.

DARIUS, AMESTRIS.

D A R I U S.

CE n'eſt donc plus qu'à vous, Grands Dieux,
    que j'ai recours,
Non pas dans le deſſein de conſerver mes jours ?
Sauvez-moi ſeulement d'une indigne mémoire ;
Que du moins ces lauriers fameux par tant de gloire,
Des honneurs ſouverains par le ſort dépouillés,
D'un opprobre éternel ne ſoient jamais ſouillés.
Ah ! Ma chere Ameſtris, quelle horreur m'envi-
    ronne !
Quel ſcéptre ! Quels honneurs ! Quels titres pour le
    Trône !
Faut-il que tant de gloire, & que des feux ſi beaux
Se trouvent terminés par la main des bourreaux ?

A M E S T R I S.

Non, mon cher Darius, ne crains rien de funeſte ;
Les Dieux feront pour toi, puiſqu'Ameſtris te reſte,
Je n'offre point de pleurs à ton ſort malheureux,
L'amour attend de moi des ſoins plus généreux.
Je vais, dans tous les cœurs enchantés de ta gloire,
Te laver du ſoupçon d'une aċtion ſi noire ;

Tu verras ton triomphe éclater en ce jour,
Crois-en le Ciel vengeur, tes vertus, mon amour;
J'armerai tant de bras, que ton barbare frere
Me rendra mon amant, ou rejoindra ton pere.

Fin du quatriéme Acte.

ACTE V.

SCENE PREMIERE.

ARTABAN.

LE Soleil va bientôt chasser d'ici la nuit,
Et de mon crime heureux éclairer tout le fruit.
Darius est perdu, sa tête infortunée
Sous le couteau mortel va tomber condamnée :
De ma fureur sur lui rejettant les horreurs,
De la soif de son sang j'ai rempli tous les cœurs.
De leur amour pour lui je ne crains plus l'obstacle;
Sa tête, à ses sujets triste & nouveau spectacle,
Va me servir enfin, dans ce jour éclatant,
De dégré pour monter au Trône qui m'attend.
Il ne me reste plus qu'à frapper Artaxerce ;
Il est si peu fameux, si peu cher à la Perse,
Que, parmi les frayeurs d'un peuple épouvanté,
A peine ce forfait me sera-t-il compté.
A travers tant de joie un seul souci me reste,
C'est de mes attentats le complice funeste ;

Le

Le lâche Tyfapherne indigne d'être admis
A l'honneur du forfait que ma main a commis ;
Je l'ai vû, dans le temps que mon cœur magnanime
S'immoloit fans frémir une illuftre victime,
Pâlir d'effroi , m'offrir d'une tremblante main
Le fecours égaré d'un vulgaire affaffin :
On eût dit , à le voir dans ce moment terrible,
Où le fang & les cris me rendoient infléxible ,
Confidérer l'autel , la victime & le lieu ,
Que fa main facrilége alloit frapper un Dieu.
Dès qu'à de tels forfaits l'ambition nous livre ;
Tout complice un moment n'y doit jamais furvivre ;
C'eft vouloir qu'un fecret foit bientôt révélé :
Ou complice , ou témoin , tout doit être immolé.
Tandis qu'ici la nuit répand encor fes ombres ,
Précipitons le mien dans les royaumes fombres :
Il faut que de ce fer teint d'un fi noble fang ,
Pour prix de fa pitié , je lui perce le flanc.
Allons.... Mais quel objet à mes yeux fe préfente !

H

SCENE II.

ARTABAN, BARSINE.

BARSINE.

SEigneur, vous me voyez éperdue & tremblan-
te ;
Je vous cherche, le cœur plein d'horreur & d'effroi.
Quelle affreuse nouvelle a passé jusqu'à moi !
Tout se remplit ici de troubles & d'allarmes ;
Vos Gardes désolés versent par tout des larmes.
On dit...

ARTABAN.

Et que dit-on ?

BARSINE.

Qu'une perfide main
Du malheureux Xercés vient de percer le sein.

ARTABAN.

Que peut vous importer cette affreuse nouvelle ?
Et quel soin si pressant près de moi vous appelle ?

BARSINE.

On dit que Darius de ces barbares coups,
Peut-être injustement, est accusé par vous :
Je vois qu'ici pour lui tous les cœurs s'intéressent.

ARTABAN.

Je vois, en fa faveur, que trop de foins vous pref-
    fent;
C'eft vous inquiéter du fort d'un malheureux
Plus que vous ne devez, & plus que je ne veux.

BARSINE.

Je vois qu'ici l'envie attaque votre gloire ;
Pour moi, je fai , Seigneur , tout ce que j'en dois
    croire.
Mais fi , malgré l'horreur d'un fi noir attentat ;
Vous pouviez conferver Darius à l'Etat ,
Les Perfes enchantés de fa valeur fuprême,
Croiroient ne le devoir déformais qu'à vous-même;
En les fatisfaifant, vous pourriez aujourd'hui
De ce Prince , d'ailleurs, vous faire un fûr appui.
Rendez à l'Univers ce Héros magnanime ,
Que, malgré vous , le Peuple abfout déja du crime.

ARTABAN.

C'eft-à-dire qu'il faut, pour contenter vos vœux ;
Que je mette aujourd'hui le crime entre nous deux;
Et peut-être, bien plus, pour fauver le perfide,
Que je me charge ici moi feul du parricide ?
Fille indigne de moi, qui croit m'en impofer,
Ce n'eft pas à mes yeux qu'il faut fe déguifer ;
Les cœurs me font ouverts, rien ne te fert de feindre;
Des foibleffes du tien parle fans te contraindre ;

Dis-moi que pour l'ingrat ton lâche cœur épris,
Des transports les plus doux paye tous ses mépris;
Que ce cœur démentant & sa gloire, & ma haine,
Le soin de le sauver est le seul qui t'améne :
Et je te répondrai ce qu'un cœur généreux
Doit répondre indigné d'un amour si honteux.
Lâche, pour ton amant, n'attens aucune grace,
La pitié dans mon cœur n'a jamais trouvé place;
Pour peu qu'à l'émouvoir elle ose avoir recours,
Barsine peut compter que c'est fait de ses jours.

BARSINE.

C'en est donc fait, Seigneur, vous n'avez plus de fille?

ARTABAN.

Opprobre désormais d'une illustre famille,
Et qu'importe à ton pere ou ta vie, ou ta mort?
Va, fuis loin de mes yeux, crains un juste transport,
On vient. Eloigne-toi, si tu ne veux d'un pere
Eprouver ce que peut une juste colere.

[Barsine sort.]

Ce n'est point par des pleurs que l'on peut émouvoir
Un cœur qui ne connoît amour, loix, ni devoir.
Artaxerce paroît, achevons notre ouvrage :
Mais, avant que ce coup signale mon courage,
Je veux que par mes soins Darius immolé,
Souleve contre lui le Peuple désolé;
Faisons-en sur lui seul tomber toute la haine.

SCENE III.

ARTAXERCE ARTABAN.

ARTABAN.

VOus soupirez, Seigneur, un foin fecret vous
   gêne ;
Mais de votre pitié reconnoiffez le fruit.
Par les pleurs d'Ameftris tout le Peuple eft féduit :
L'ingrate n'écoutant que l'amour qui la guide,
Rejette fur vous feul un affreux parricide.
On l'a vûe en fureur s'échaper de ces lieux,
Porter de toutes parts fes pleurs féditieux.
A fauver Darius Babylone s'apprête,
A moins que par fa mort votre main ne l'arrête.
De fes fauffes vertus un vain Peuple abufé,
Malgré le crime affreux dont il eft accufé,
Non-feulement, Seigneur, le plaint & lui pardon-
   ne,
Mais va jufqu'à vouloir le placer fur le Trône.
Si jamais Darius échape de vos mains,
Pour vous le conferver nos efforts feront vains :
Les foldats éblouis, plus touchés de fa gloire
Qu'indignés d'un forfait fi difficile à croire,

Ardens à le fervir, viendront de toutes parts,
A flots impétueux, groffir fes étendars.
Jugez alors, jugez, fi, bourreau de fon pere,
Sa main balancera pour immoler un frere?
Qui retient en faveur d'un lâche meurtrier,
Ce bras qui l'auroit dû déja facrifier?
Signalez, par les foins d'une prompte vengeance,
Votre juftice ainfi que votre prévoyance;
Songez que vous avez plus à le prévenir,
Que vous n'avez encor, Seigneur, à le punir.

ARTAXERCE.

Vous ignorez encor combien je fuis à plaindre,
Non point par les périls que vous me faites craindre,
Mais par le fouvenir d'un frere trop chéri,
Que je ne puis frapper fans en être attendri;
On l'a jugé coupable, & c'eft fait de fa vie.
Mais, avant qu'à Xercés mon cœur le facrifie,
Je veux le voir encor dans fes derniers momens;
Je n'en faurois vouloir trop d'éclairciffemens.

ARTABAN.

Sur quoi prétendez-vous que l'on vous éclairciffe?
Pourriez-vous de ma part craindre quèlque artifice?

ARTAXERCE.

Non; mais je veux enfin, quoiqu'il foit condamné,
Voir encore un moment ce Prince infortuné:
Qu'on fe garde, fur-tout, de hâter fon fupplice.

SCENE IV.

ARTAXERCE *seul.*

Toi, qui de ma douleur attens ce facrifice ;
Ombre du plus grand Roi qui fut dans l'Univers ;
Qu'une barbare main fit defcendre aux enfers,
Diffipe les horreurs d'un doute qui m'accable.
Le vengeur eft tout prêt, montre-moi le coupable ;
N'expofe point un cœur qu'irrite ton trépas,
A des crimes certains pour un qui ne l'eft pas :
Prens pitié de ton fang ; fais que ma main funefte,
En croyant le venger, n'en verfe pas le refte.
Je ne fai quelle voix me parle en fa faveur,
Mais jamais la pitié n'attendrit tant un cœur.
Dieux vengeurs des forfaits, appuis de l'innocence,
Vous fur qui nous ofons ufurper la vengeance ;
Grands Dieux, épargnez-moi le reproche fatal
De n'avoir immolé peut-être qu'un rival.

SCENE V.

ARTAXERCE, AMESTRIS.

AMESTRIS.

C'En eſt donc fait, cruel, ſans que rien vous
  arrête,
A le ſacrifier votre fureur s'apprête ?
Barbare, pouvez-vous, ſans mourir de douleur,
Prononcer un arrêt qui fait frémir d'horreur ?
Quoi, d'aucune pitié votre ame n'eſt émûe ?
Quel funeſte appareil vient de frapper ma vûe !
Ah ! Seigneur, ſe peut-il qu'un cœur ſi généreux,
Altéré déſormais du ſang des malheureux,
Sur la foi d'un cruel, bourreau de votre pere,
De ſes propres forfaits puiſſe punir un frere ?
Et quel frere, grands Dieux ! le plus grand des mor-
  tels,
Moins digne de ſoupçons, que d'encens & d'au-
  tels !
Eſt-ce à moi de venir, dans votre ame attendrie,
De cet infortuné ſolliciter la vie ?
Si rien en ſa faveur ne vous peut émouvoir,
Craignez du moins, craignez mon juſte déſeſpoir;
                                        Et

Et ne préfumez pas qu'au fein de Babylone,
A de lâches complots le Peuple l'abandonne.
O, defir de régner! Que ne peut ta fureur,
Puifqu'elle a pû fi-tôt corrompre un fi grand cœur!
Car ne vous flattez pas que d'un tel facrifice
On puiffe à d'autres foins imputer l'injuftice.
Dites du moins, cruel, à quel prix, en ces lieux,
Vous prétendez donc mettre un fang fi précieux :
Eft-ce au prix de ma main ? Eft-ce au prix de ma
    vie ?
Barbare, vous pouvez contenter votre envie :
Prononcez, j'en attens l'arrêt à vos genoux,
Et l'attens fans trembler, s'il eft digne de vous.

SCENE VI.

ARTAXERCE, DARIUS, AMESTRIS.

DARIUS.

AH! Madame, ceffez de prendre ma défenfe,
Laiffez aux Dieux le foin d'appuyer l'innocence :
C'eft rendre, en ce moment, mon rival trop heu-
    reux,
Que de vous abaiffer à des foins fi honteux.

I.

Solliciter pour moi, c'eſt m'avouer coupable:
Laiſſez, ſans le flétrir, périr un miſérable;
Quand vous triompheriez de ſon inimitié,
Ma vertu ne veut rien devoir à ſa pitié.
Puiſqu'on m'a prononcé ma ſentence mortelle;
Parle, d'où vient qu'ici ta cruauté m'appelle?
Que prétens-tu de moi dans ces momens affreux?
Eſt-ce pour inſulter au fort d'un malheureux?
Va, cruel, fois content, le Ciel impitoyable
Ne peut rien ajouter au deſtin qui m'accable:
Jouis d'un Scéptre acquis au mépris de mes droits;
Soumets, ſi tu le peux, Ameſtris à tes loix:
Pour combler de ton cœur toute la barbarie,
Acheve de m'ôter & l'honneur, & la vie;
Mais laiſſe-moi mourir, ſans m'offrir des objets
Qui ne font qu'irriter mes maux & mes regrets.
Je ne veux point, ingrat, dans ton ame cruelle
Te rappeller pour toi mon amitié fidelle;
Rien ne me ſerviroit de t'en entretenir,
Puiſqu'il t'en reſte à peine un triſte ſouvenir.
Rappelle ſeulement mes premieres années,
Glorieuſes pour moi, quoique peu fortunées;
Cet amour ſcrupuleux & des Dieux & des Loix;
Cet auſtere devoir ſignalé tant de fois;
Ces tranſports de vertu, cette ardeur pour la gloire,
Dont nul autre penchant n'a flétri la mémoire;

Ce respect pour mon Roi , que rien n'a pû m'ôter.
C'est avec ces témoins qu'il me faut confronter,
Non avec Artaban souillé de trop de crimes
Pour donner de sa foi des garans légitimes ,
Qui, pour t'en imposer, ne produit contre moi
Qu'un poignard désormais peu digne de ta foi.
Ameſtris, m'a-t-il dit, doute encor de mon zéle ;
Ce fer peut me servir de garant auprès d'elle ,
Un moment à mes soins daignez le confier.
Mais c'est trop m'abaisser à me justifier.
Tout est prêt , m'a-t-on dit. Adieu, barbare frere ,
Plus injuſte pour moi que ne le fut mon pere ,
Les Dieux te puniront un jour de mes malheurs.
Tu détournes les yeux ? Je vois couler tes pleurs ?
Hélas ! Et que me sert que ton cœur s'attendriſſe ,
Tandis que ta fureur me condamne au supplice ?
Quel opprobre, grands Dieux ! Et quelle indi-
    gnité !
Au supplice ! Qui ! Moi ! L'avois-je mérité ?
De tant de noms fameux, en ce moment funeſte,
Le nom de parricide eſt le seul qui me reſte !
Je me sens à ce nom agité de fureur.
Ah ! Cruel, s'il se peut, épargne-m'en l'horreur.

ARTAXERCE.

Ah ! Frere infortuné, plus cruel que moi-même ,
Et que puis-je pour toi dans ce malheur extrême ?

Est-ce moi qui t'ai seul chargé d'un crime affreux ?
Ai-je prononcé seul un arrêt rigoureux ?
Que n'ai-je point ici tenté pour ta défense ?
J'aurois de tout mon sang payé ton innocence :
Et si je n'avois craint que d'un si noir forfait
Ma pitié ne m'eût fait soupçonner en secret,
J'aurois, pour conserver une tête si chere,
Trahi les Loix, trahi jusqu'au sang de mon pere :
Plains-toi, si tu le veux, d'un devoir trop fatal ;
Accuses-en le juge, & non pas le rival :
Quelques soient ses appas , quelque ardeur qui me
    presse,
Je te donne ma foi, que jamais la Princesse,
Libre par ton trépas d'obéir à la Loi,
Ne me verra tenter un cœur qui fut à toi.
L'instant fatal approche. Adieu, malheureux frere,
Victime qu'à regret je dévoue à mon pere ;
Dans ces momens affreux, si terribles pour toi,
Victime cependant moins à plaindre que moi.
Adieu. Malgré les coups dont le destin t'accable,
Va mourir en héros, & non pas en coupable.

DARIUS.

Va, je n'ai pas besoin de conseils pour mourir ;
La mort, sans m'effrayer, à mes yeux peut s'offrir
C'est le supplice, & non le trépas qui m'offense ;
C'est de te voir, cruel, braver mon innocence,

Te plaire en ton erreur, chercher à t'abuser.

ARTAXERCE.

Ingrat, qui veux-tu donc que je puisse accuser ?
Croirai-je qu'Artaban qui perd tout en mon pere,
Ait porté sur son Prince une main meurtriere ?
Quel espoir sous mon régne auroit flatté son cœur,
Moi qui ne l'ai jamais pû voir qu'avec horreur ?
Rien ne peut désormais retarder ton supplice.

DARIUS.

Et le Ciel peut souffrir cette horrible injustice !
Ah, misérable honneur, malheureuse vertu !
Hélas ! Que m'a servi d'en être revêtu ?
Quoi, je meurs accusé du meurtre de mon pere,
Et, pour comble d'horreurs, condamné par mon
    frere !
Allons, c'est trop se plaindre, il faut remplir mon sort,
Et subir, sans frémir, la honte de ma mort.
Adieu, chere Amestris, ne versez plus de larmes ;
Contre cet inhumain, ce sont de foibles armes ;
Les cœurs ne sont plus faits ici pour s'attendrir.
Il faut nous séparer, Madame, il faut mourir.

AMESTRIS.

Vous mourir ! Ah ! Seigneur, c'est en vain qu'un
    barbare...

ARTAXERCE.

Otez-moi ces objets, Gardes, qu'on les sépare,

SCENE DERNIERE.

DARIUS, ARTAXERCE, AMESTRIS, BARSINE, TYSAPHERNE, GARDES.

BARSINE.

ARrête, Darius ; arrête, Roi des Rois ;
Et fois, en frémiffant, attentif à ma voix ;
La juftice du Ciel lente, mais toujours sûre,
S'eft laffée, à la fin, d'appuyer l'impofture.
Apprens un crime affreux qui te fera trembler. . .
Mais ce n'eft pas à moi de te le révéler ;
Tu n'apprendras que trop une action fi noire :
C'eft pour m'en épargner l'odieufe mémoire,
Pour n'en point partager & l'horreur, & l'affront ;
Que ma main a fait choix du poifon le plus prompt.
Tout ce qu'en ce moment Barfine te peut dire,
C'eft qu'elle eft innocente, & qu'Artaban expire.
Tyfapherne qui vit, quoique prêt à mourir,
Complice du forfait, peut feul le découvrir.
  [*à Darius.*]
Adieu, Prince ; je meurs à plaindre, mais contente
D'avoir pû conferver une tête innocente ;

Heureuse d'effacer, dans ces tristes momens,
Ce qu'un pere cruel t'a causé de tourmens.

DARIUS.

Achevez, justes Dieux, d'éclairer l'innocence ;
Mais ne vous chargez point du soin de ma vengeance.

ARTAXERCE.

Qu'ai-je entendu, mon frere ? Et que dois-je penser ?

DARIUS.

A m'aimer, à me plaindre, & ne plus m'offenser :
Et, si quelque soupçon peut encor te séduire,
Tysapherne paroit qui pourra le détruire ;
Daigne l'interroger.

TYSAPHERNE.

       Vos soins sont superflus,
Barbares ; laissez-moi, je ne me connois plus.
Que vois-je ! Darius ! Ah ! Prince magnanime,
Que j'ai craint de vous voir succomber sous le crime!
Quoi, vous vivez encor ! Mes vœux sont satisfaits :
Le Ciel, sans m'effrayer, peut frapper désormais.
Je ne craignois, Seigneur, que de voir l'imposture
Triompher aujourd'hui d'une vertu si pure ;
Mais, puisque vous vivez, quel que soit mon forfait,
Je vais, en ce moment, l'avouer sans regret.
C'est Artaban & moi, dont la fureur impie
Du malheureux Xercés vient de trancher la vie.

Séduit par les projets d'un odieux ami ;
Contre la majesté par l'ingrat affermi,
Sur quelque vain espoir, aux forfaits enhardie ;
Ma main a seule ici servi sa perfidie.
Il prétendoit régner, & vous perdre tous deux ;
Mais, craignant de ma part des remords dangereux,
Il en a crû devoir prévenir la justice,
Et le traître n'a fait que hâter son supplice ;
Je viens de l'immoler aux mânes de mon Roi.

ARTAXERCE.

Penses-tu par sa mort t'acquitter envers moi ?...

TYSAPHERNE.

Je ne sai si son sang pourra vous satisfaire,
Mais je puis, sans péril, braver votre colere :
Dans l'état où je suis je ne crains que les Dieux.

ARTAXERCE.

Que je dois désormais te paroître odieux !
Ah ! Mon cher Darius, par quels soins, quels hom-
  mages,
Pourrai-je dans ton cœur réparer tant d'outrages ?

DARIUS.

Seigneur, vous le pouvez, rendez-moi le seul bien.
Qui puisse désarmer un cœur comme le mien.

ARTAXERCE.

Si, sur le moindre espoir, je pouvois y prétendre ;
Ce bien n'est pas celui que je voudrois te rendre ;

J'en

J'en connois trop le prix, mais, malgré mon ardeur,
Prince, je ne fai pas tyrannifer un cœur.
Dès qu'on a pû porter l'amour de la juftice
Jufqu'à vouloir livrer fon fang même au fupplice ;
Tout doit dans notre cœur céder à l'équité.
Reçois-en donc ce prix de ta fidélité :
Afin qu'à mes bienfaits tout le refte réponde,
Je te rends la moitié de l'empire du monde.

F I N.

J'Ai lû, par ordre de Monfeigneur le Chancelier, *la Tragédie de Xercés, par M. de Crébillon ; &* n'y ai rien trouvé qui ne foit digne de la grande réputation de l'Auteur, & de l'impreffion. Fait à Paris, ce 26. Février 1749.

FONTENELLE.

Le Privilége eft aux Oeuvres du même Auteur.